MAR[illegible] [illegible]LKT

Cahier voor levensverdieping nr. 48

Omslag Gregie de Maeyer

D/1984/39/37
ISBN 90-317-0609-4

CIP Koninklijke Bibliotheek Albert I

Bouwman, Gijs
Marcus, de vertolker vertolkt / Gijs Bouwman -
Averbode ; Apeldoorn : Altiora , 1984. — 144 p. ; 20 cm. —
(Cahiers voor levensverdieping ; 48).
ISBN 90-317-0609-4 SISO 2.27.4 UDC 22.07
Doelgroep : pastores , liturgiegroepen , bijbelclubs
Trefw. : Marcus

Gijs Bouwman

Marcus de vertolker vertolkt

Altiora Averbode | Apeldoorn

opgedragen aan
de bewoners van Zuiderhout

INHOUD

TEN GELEIDE

In de loop van het voorbije kerkelijke jaar, toen het evangelie van Lucas op de rol stond, bereikte mij herhaaldelijk het verzoek om een exemplaar van mijn boek 'Met Lukas op weg', dat in 1976 als Nr. 21 verschenen is in de reeks 'Cahiers voor levensverdieping'. Het boek is echter sinds jaren uitverkocht, zodat ik helaas aan die verzoeken niet kon voldoen. Een herdruk ware te overwegen geweest, maar daarvoor was het toen in elk geval te laat. Om de 'dienaars van het woord' (Lc 1,2), die zo vaak tegen de stroom op moeten roeien (het woord 'dienaar' betekent eigenlijk roeier), toch enigszins van dienst te kunnen zijn heb ik toen besloten een soortgelijk werkje over Marcus te schrijven.

De opzet is ongeveer gelijk. Alleen worden hier de perikopen gerangschikt in de volgorde zoals ze in het evangelie staan. Dit maakt het de lezer mogelijk, ze in hun samenhang te bestuderen. Als compensatie is aan het eind een liturgisch register opgenomen. Daarbij zijn de zondagen door het jaar vanaf de tweede geplaatst na de paastijd, omdat het aantal zondagen vóór de veertigdagentijd variëert. De voetnoten bevatten hoofdzakelijk literatuur voor nadere oriëntatie. Daarom zijn uitsluitend Nederlandse titels opgenomen. Dat men daaronder nogal eens boeken van mijzelf aantreft, zij mij vergeven. Een auteur herkent zich nu eenmaal het best in wat hij zelf geschreven heeft. Een tiental inleidingen is ooit verschenen in 'Tijdschrift voor Verkondiging'. Zij zijn echter grondig gewijzigd of aangevuld. Niettemin dank ik de redactie voor haar toestemming enige passages over te nemen.

Tenslotte nog dit: Ik zou dit boek niet hebben kunnen schrijven als ik niet zelf regelmatig 'aan het woord' was geweest. Ik dank mijn 'parochianen' van het bejaardencentrum 'Zuiderhoud' in Teteringen voor hun inspirerende aandacht tijdens de preek en hun dikwijls zo bemoedigende woorden na afloop van de dienst. Ik draag dit boek in warme genegenheid aan hen op.

DE VERTOLKER VERTOLKT

De titel van dit boek is ontleend aan de kerkgeschiedenis van Eusebius van Caesarea († 339). Deze citeert in zijn werk Papias van Hiërapolis, de auteur van een vijfdelig werk 'De uitleg van de woorden van de Heer', een boek dat vermoedelijk in het eerste kwart van de tweede eeuw is ontstaan. Daar lezen we volgens Eusebius: 'De priester (Johannes) zei ook dit: "Marcus, die de tolk (hermeneutès) van Petrus was, schreef nauwkeurig, maar niet in de juiste volgorde op, wat hij zich herinnerde van hetgeen de Heer had gezegd en gedaan. Want hij had de Heer niet gehoord en was hem niet gevolgd, maar later Petrus, zoals hij zei".[1] Het woord tolk moet men niet zo opvatten, alsof Petrus geen woord Grieks gesproken heeft. Maar volgens Hand 4,13 was hij een ongeletterde eenvoudige man. Wat hij in simpele woorden vertelde, gaf Marcus een enigszins literaire vorm.

Zoals alles wat in de oudheid geschreven is, wordt ook dit bericht in twijfel getrokken. Mijn standpunt in dit soort zaken is, dat de bewijslast bij de kritiek ligt. Anders gezegd: ik ga van de betrouwbaarheid van een bericht uit, *tenzij* ik een motief kan aanwijzen, waarom het bericht verzonnen is. Dit motief zou dan zijn, dat men voor de oorspronkelijk anonieme auteur later een bekende naam heeft ingevuld.

Het is echter duidelijk, dat in de strijd rond de canoniciteit van de nieuwtestamentische geschriften de apostolische herkomst een overwegende rol heeft gespeeld. Marcus en Lucas waren wel geen apostel maar toch in elk geval leerlingen van de apostelen, nl. van Petrus en Paulus. Zo redeneerde men in die periode. Welnu, één ding is hier evident: de indirecte afhankelijkheid van een apostel is duidelijk een noodoplossing. Had men die verzonnen, dan had men in dit geval ongetwijfeld Petrus zelf als auteur aangewezen.

Moeilijker is de vraag te beantwoorden, of deze Marcus identiek is met de Johannes Marcus in de Handelingen. De naam Marcus is tamelijk gewoon. Pas Hiëronymus identificeert beide personen in zijn commentaar op Flm 24, waar Paulus de groeten doet van o.a. Marcus en Lucas, zijn medewerkers. In Kol 4,10 noemt Paulus deze Marcus de neef van Barnabas waarmee de link tussen deze Marcus en die van de Handelingen gelegd is. Hij wordt daar wel nergens de neef van Barnabas genoemd, maar verschijnt toch in diens nabijheid (Hand 12,25; 13,5.13; 15,37.39). Zoals gezegd, legt pas Hiëronymus expliciet verband tussen beide personen, maar dat kan evengoed betekenen, dat men tot dan toe die identiteit als vanzelfsprekend beschouwde. Dat Marcus buiten de Handelingen nooit de eerste naam Johannes draagt, zegt heel weinig. Ook Paulus noemt zich niet langer met zijn Hebreeuwse naam 'Saul', zodra hij zich in de Griekse wereld beweegt. De laatste keer, dat Marcus in de Handelingen vermeld wordt (Hand 15,39) ontbreekt de naam Johannes eveneens.

Op zich is het natuurlijk niet zo belangrijk, wie de schrijver van het evangelie geweest is. Maar de verbinding met Petrus kan voor de uitleg van het evangelie interessant zijn. In dit boek wordt die band dan ook herhaaldelijk gelegd. Het boek Handelingen vertelt over deze relatie een interessant detail. Toen Petrus op wonderbare wijze bevrijd was uit de gevangenis, ging hij niet naar de leider van de kerk van Jeruzalem, Jakobus de broeder van Jezus, maar naar het huis van Maria, de moeder van Johannes Marcus (Hand 12,12). In zijn eerste brief noemt Petrus de jonge Marcus zijn zoon (1Petr. 5,13). Blijkbaar was hij zijn doopvader. Nu vermeldt Eusebius, dat Papias zijn gegevens ook putte uit de eerste brief van Petrus.[2]
Dit maakt het getuigenis van Papias iets minder waardevol voor wat de relatie met Petrus betreft, maar niet voor het auteurschap van Marcus. Omgekeerd versterkt 1Petr 5,13 het bericht uit de Handelingen. Dat Petrus de schrijver is van de eerste brief, wordt ook betwijfeld. Ik deel die twijfel niet. Maar zelfs in dat geval blijft het argument van kracht. Immers, als een anonieme auteur zijn werk voor een brief van de apostel wil laten doorgaan, dan noemt hij uiteraard iemand van wie men weet, dat hij met Petrus bevriend is.

Over de verdere lotgevallen van Marcus is ons weinig met zekerheid bekend. Dat hij op een gegeven moment in Rome opduikt als medewerker van zowel Petrus als Paulus, nl. in 1Petr 5,13 en Kol 4,10 resp. Flm 24, bevestigt de traditie, dat hij zijn evangelie in Rome schreef. Het aantal latinismen in dit evangelie is opvallend groot. Een aantal van deze verlatijnste woorden, zoals bv. *spekoelator* (Mc 6,27), komt alleen bij hem voor. Wanneer we al deze indicia bijeenvoegen, dan is er m.i. voldoende reden om bij de exegese van het evangelie van Marcus uit te gaan van het aloude bericht over zijn banden met Petrus.

Nog een paar woorden over mijn eigen vertolking. De taak van de exegeet is op de eerste plaats die obstakels weg te nemen die de lezer het verstaan van een geschrift in de weg staan. Zo legt Marcus zelf in 7,3-5 aan zijn lezers uit, wat de betekenis is van de joodse wassingen en vertaalt hij in 12,42 het Griekse *lepton* (duit) in het Latijn (quadrans).

Vervolgens probeer ik de structuur van een perikoop te ontdekken. Een schrijver kan zijn bedoelingen expliciet vermelden. Dat doet bv. Johannes wanneer hij schrijft: 'Dit is opgeschreven opdat gij moogt geloven, dat Jezus de Christus is, de Zoon van God' (Joh 20,31). Maar meestal zal hij zijn bedoelingen verpakken in de structuur. Zo verbindt Marcus het dispuut over Beëlzebul, de vorst der duivels, niet met een duiveluitdrijving — wat voor de hand ligt —, maar met de poging van de familie van Jezus om Jezus te grijpen en mee te nemen (Mc 3,20-30; vgl. Lc 11,15-22; Mt 12,24-32). Vaak zal een auteur onbewust een bepaalde structuur kiezen. Een voorbeeld daarvan is het gebruik van *euthus* (terstond) door onze Marcus. Men pleegt dit een stopwoord te noemen. Dat is het in zoverre, dat hij het onbewust gebruikt, maar het is niet zonder betekenis, dat hij het soms vijf keer achter elkaar gebruikt (1,21-30).

Tenslotte probeer ik suggesties te doen voor de verkondiging. Uit gesprekken met lezers van 'Met Lukas op weg' weet ik, dat men het boek juist daarom graag gebruikt. Hier ligt echter een grote moeilijkheid. Op de eerste plaats dreigt hier het gevaar van kortsluiting. Men kan de concrete situatie van de evangelist niet rechtstreeks koppelen aan onze problemen. Men moet ze eerst herleiden tot algemeen menselijke strevingen. Het woord 'onrein' b.v. heeft in eerste instantie niets te maken met een hygiënische toestand en nog minder met sexualiteit. Het duidt op een toestand van 'onaanraakbaar' zijn. Men zal dit antieke begrip van een 'taboe' dus eerst moeten herleiden tot meer algemene begrippen als vervreemding, isolement, e.d., voordat men de stap kan wagen naar een moderne 'toepassing'. Een tweede moeilijkheid is, dat men met deze preeksuggesties de verkondiger voor de voeten dreigt te lopen. De tekst moet juist zijn eigen gevoelens oproepen en dat hoeven niet de mijne te zijn. De bedoeling van deze suggesties is dan ook niet, dat men ze klakkeloos overneemt! Mijn ervaring met preeklectuur is echter, dat die als een soort katalysator kan werken. Als het mij in eerste aanzet niet lukt een goed thema te vinden voor de preek, dan blader ik een paar boeken door, die iets te zeggen hebben over de betreffende perikoop. De gedachten die daar ontwikkeld worden roepen op hun beurt bij mij bepaalde gedachten op, die dan vruchtbaar blijken te zijn voor mijn eigen preek. Hoe dit mechanisme precies werkt weet ik niet, misschien kunnen taalpsychologen daar meer over vertellen. Hoofdzaak is: *it works!* En als het werkt, kan men dit boek gevoeglijk terzijde leggen.

De drie elementen, exegese, analyse en preeksuggesties zijn niet evenwichtig over elke inleiding verdeeld. Ik had mijzelf een bepaalde omvang toegemeten. Soms eiste de literaire en theologische uitleg bijna heel de beschikbaar ruimte op. Een andermaal leverde een perikoop nauwelijks exegetische moeilijkheden op, maar was zij daarentegen zo afgesleten, dat zij haast niet predikabel leek. In dat geval moest de exegeet plaats maken voor wat ik in mijn hart altijd gebleven ben: de pastor.

Tenslotte nog dit. Toen ik het voltooide boek nog eens integraal doorlas, bleken er — wat ik trouwens al vermoed had — wat herhalingen in te zitten. Voor een deel waren die herhalingen onvermijdelijk. Ik moest er nl. rekening mee houden, dat een predikant bij het voorbereiden van zijn preek nu eens naar dit en dan weer naar een ander boek grijpt. Zo vergaat het mij tenminste. Hij heeft er dan recht op, dat ik hem een enigszins volledige behandeling van de perikoop bied en hem niet naar alle mogelijke andere inleidingen verwijs. Tendele zijn deze herhalingen ook een gevolg van het feit, dat ik drie maanden aan dit boek gewerkt heb. (Een emeritus heeft weinig tijd, omdat iedereen denkt dat hij veel tijd heeft). Ik troost me maar met het adagium van, naar ik meen, Augustinus: Nunquam satis dicitur quod nunquam satis discitur; vrij vertaald: sommige dingen kunnen niet vaak genoeg gezegd worden.

1. HET BEGIN
Tweede zondag van de advent

Lezingen: Jes 40, 1-11; 2Petr., 3,8-14; Mc 1,1-8

De proloog van het Marcusevangelie wordt door de auteurs verschillend afgegrensd. De meeste uitgaven en vertalingen plaatsen de cesuur tussen de verzen 13 en 14 en laten met v. 14 het openbaar leven beginnen. Het lijkt mij evenwel beter de vv. 14 en 15 nog bij de proloog te trekken. Het woord 'evangelie', dat heel karakteristiek is voor Marcus omsluit 1-15. We komen het pas weer tegen in 8,35, aan het begin van het tweede deel. Johannes de Doper verdwijnt met v. 14 van het toneel en de naam Jezus (v. 1.9.14) komen we pas weer tegen in 3,7, waar een nieuwe onderafdeling begint. Het woord *metanoia* (bekering), komen we pas weer tegen in 6,12, vlak voor het verhaal over de dood van de Doper. Kortom, literair gezien is 1-15 een duidelijk samenhangend stuk, dat een inleiding is op het hele evangelie.

De proloog wordt in twee ongeveer gelijke delen verdeeld: 1-8 over Johannes en 9-15 over Jezus. Beide stukken eindigen met een plechtige spreuk. De eerste (v. 7 v) wijst vooruit naar Jezus, v. 14 wijst terug naar Johannes. Jezus is de komende (v. 7), Johannes verdwijnt in de gevangenis. De liturgie verdeelt de proloog over drie zondagen. Vandaag lezen we 1-8, op de eerste zondag door het jaar 7-11 en op de eerste zondag van de veertigdagentijd 12-15. Vooral de splitsing van 9-11 en 12-13 is niet erg gelukkig. Beide stukjes zijn organisch met elkaar verbonden. Niet alleen is het dezelfde Geest die op Jezus neerdaalt en Hem naar de woestijn drijgt, maar de bekoring is de natuurlijke reactie op de uitverkiezing.

Wij hebben ons vandaag dus bezig te houden met de verzen 1-8. De perikoop kan in drie delen onderverdeeld worden. Na de titel (v. 1) volgt het Schriftcitaat (2-3); dan volgt een schets van het optreden van de boeteprediker (4-5); en tenslotte de profetische uitspraak over Jezus (6-8). Men zegt wel, dat v. 6 de gang van het verhaal onderbreekt en dus een redactionele toevoeging van Marcus moet zijn.[3] Ten onrechte, meen ik. In v.7 treedt Johannes op als profeet en daarvoor moet hij eerst als profeet beschreven worden. En dat gebeurt door het beschrijven van de kleding. In 2Kon 1,8 lezen we, hoe Elia de dood van koning Achazja voorspelt. De koning vraagt, hoe die man eruit zag, die zijn dood aangekondigd heeft. De boden antwoorden: 'Het was iemand met een haren mantel en een leren gordel om zijn middel'. Ofschoon dit de gewone dracht van de bedoeïenen is, weet de koning onmiddellijk: 'Dan was het Elia de Tisbiet'. Nu we toch met de redactie-critiek bezig zijn, nog een paar opmerkingen. Ook 'in de woestijn' in v. 4 wordt als een toevoeging beschouwd. Even later staat immers, dat Johannes optrad bij de Jordaan en bovendien is dopen in de woestijn een contradictie. Wie de situatie ter plaatse kent, kan hier echter moeilijk een tegenspraak in ontdekken. Op de plaats waar de Jordaan letterlijk doodloopt in de Dode Zee grenst de woestijn onmiddellijk aan de rivier. Johannes is steeds verbonden geweest met 'de woestijn'. In Lc 1,80 lezen we als afsluiting van het geboorteverhaal: 'Hij verbleef in de woestijn tot de dag, waarop hij zich aan Israël in het openbaar vertoonde'. Niet ten onrechte brengt men dit in verband met de aan de noordwestzijde van de Dode Zee gelegen kloostergemeenschap van Qumran. Waarschijnlijk bracht Johannes daar zijn jeugd door maar verliet hij later de gemeenschap. Ook de vraag van Jezus in Mt 11,7 par: 'Waar zijt gij in de woestijn naar gaan zien? Naar een riethalm door de wind bewogen?' wijst naar dezelfde locatie. In de woestijn groeit geen riet, maar wel aan de Jordaanoever. Ook het voedsel van de Doper, sprinkhanen en wilde honing, verwijst naar de woestijn. Het is dus niet zo, dat de voorspelling uit Jes 40,3 deze localisering heeft opgeroepen maar omgekeerd. De profeet moet aldus gelezen worden: 'Hoort, iemand roept: bereidt de Heer een weg in de woestijn'. Daaruit is hier geworden: 'Iemand die roept in de woestijn.'

Een tweede opmerking is inhoudelijk van meer belang. Ook de uitdrukking 'een doopsel preken' (v. 4) zou van Marcus stammen. De normale uitdrukking is 'een doopsel dopen' en daarbij verwijst men naar 10,38 v, enz. Hier gaat het echter over dopen in overdrachtelijke zin. Beter is een verwijzing naar bv. Lc 7,29: 'de tollenaars lieten zich dopen met het doopsel van Johannes'. Deze en soortgelijke teksten zijn evenwel onder christelijke invloed ontstaan. De hebreeuwse en aramese woorden voor 'dopen' worden, wanneer het over mensen gaat, uitsluitend intransitief gebruikt. Men 'doopt' zichzelf, d.w.z. men neemt een reinigingsbad als teken van bekering. In de gemeenschap van Qumram waren deze rituële wassingen zeer gebruikelijk. In sommige handschriften leest men Lc 3,7 (over het doopsel van Johannes) dan ook: 'zij doopten zich ten overstaan van hem' (niet 'door hem'). De christelijke doop daarentegen is een sacramentele handeling. De christen wordt niet gedoopt met water, maar met heilige Geest, zegt Johannes. En die Geest deelt men zichzelf niet mee, die ontvangt men. Daarom kan de christen ook niet zichzelf dopen, wat een Jood wel kon. Johannes preekt het doopsel van bekering, d.w.z. hij roept op tot boete zoals men ook een vasten afkondigt om de mensen op te roepen tot boete (2Kon 20,3; Jon 3,5).

Na deze wat technische maar toch niet onbelangrijke opmerkingen de exegese. Het eerste vers is, zoals gezegd, de titel van het boek. Dat wil niet zeggen, dat 'evangelie' hier al 'boek' betekent. Marcus was de eerste die zo'n boek schreef, dus dat zou men niet verstaan hebben. Maar evenmin is het de Blijde Boodschap van God zoals in v. 14v, de boodschap die *door* Jezus verkondigd wordt (vgl. 8,35; 10,29; 13,10; 14,9; 16,15).Eerder is hier bedoeld de Blijde Boodschap *over* Jezus Christus. Dat blijkt uit de nu volgende profetie: 'Zie, ik zend mijn bode voor u uit, die voor u de weg zal banen'. Bij de profeet (Mal 3,1) is God zelf aan het woord: 'Zie, Ik zend mijn bode voor *Mij* uit om voor *Mij* een weg te banen.' Volgens 3,23 van dezelfde profeet, is die bode Elia. Door dit 'mij' in 'u' te veranderen laat Marcus de profetie op Jezus slaan. Johannes is de profeet Elia, die terug zal keren om de komst van het Koninkrijk van God aan te kondigen (vgl. 9,13). Hetzelfde is gebeurd met de tweede profetie, Jes 40,3. Daar staat in het origineel: 'maakt de paden recht voor onze God'. Door 'onze God' te veranderen in 'zijn' laat Marcus de woorden op Jezus slaan. De Schrift is het woord, de boodschap van God. En die boodschap gaat over Jezus. Na de verrijzenis is Hij van de Verkondiger de Verkondigde geworden en dit verhaal, dat vertelt hoe Hij Gods blijde boodschap heeft uitgedragen (v.14v), is dus feitelijk een verhaal over Hem geworden.

Met dit woord 'evangelie' eindigt ook het verhaal in zijn huidige omvang. De leerlingen krijgen de opdracht de boodschap verder te vertellen (16,15). Het verhaal over Jezus is maar een begin. Het woord 'begin' in v.1 heeft dus ook een dubbele bodem. Het is het begin van het verhaal over Jezus, maar Jezus zelf blijkt ook slechts een begin gemaakt te hebben met de verwezenlijking van de Blijde Boodschap van God. Jes 10,3 is het begin van het boek van troost. 'Troost, troost mijn volk, spreekt God'. Overbekende woorden in de adventstijd!

Het volk keert terug uit de ballingschap, de vervreemding, de onderdrukking. En voor hen uit gaat de heraut die de bevrijding aankondigt en voorbereidt. De profetie heeft een grote rol gespeeld in de messiaanse verwachting van Israël en speelt die nog. Ook de gemeenschap van Qumran trok zich terug in de woestijn om de komst van de reddende God voor te bereiden.

'*Heel* de landstreek Judea en *alle* inwoners van Jeruzalem trokken er op uit', schrijft Marcus. De werkelijkheid zal veel bescheidener geweest zijn. En in v. 14 beleven we al het einde van de activiteiten van Johannes. Het is maar een begin, Johannes is een wegbereider, meer niet. Maar de geschiedenis zal leren, dat ook Jezus maar een wegbereider zal zijn, een wegbereider van het geloof (Hebr. 12,2). Er is veel geloof voor nodig om jaar in jaar uit advent te blijven vieren. Want dat is de taak van de christen: voorganger te zijn in het geloof, in de hoop op een betere, meer menselijker wereld. Hoop is méér dan een utopisch verlangen, een droom die nooit werkelijkheid zal worden. Hoop is op de eerste plaats een kracht die de wereld overeind houdt.

2. GEZALFD MET HEILIGE GEEST
Openbaring des Heren (Eerste zondag door het jaar)

Lezingen: Jes 42,1-4 en 6-7; Hand 10,34-38; Mc 1,6b-11

Zoals uit de eerste twee lezingen blijkt, ligt het accent bij de evangelielezing op de Geest. God heeft zijn Geest gelegd op zijn uitverkorene (Jes 42,1), de veelgeliefde in wie Hij zijn welbehagen heeft (Mc 1,11). Hij heeft Hem gezalfd met heilige Geest (Hand 10,38; vgl. Jes 61,1). Bij zijn doop daalt de Geest als een duif op Hem neer en die Hem volgen worden door Hem gedoopt met heilige Geest (Mc 1,8.10).

Het is wellicht dienstig hier iets dieper in te gaan op de bijbelse theologie van de Geest. De oorspronkelijke betekenis van het woord is zowel in het Hebreeuws als in het Grieks een dubbele: 'adem' en 'wind'. De adem is de levenskracht van de mens: ook wij spreken van 'levensadem'. Mens en dier ontvangen van God de levensadem: zendt Gij uw Geest uit, dan worden zij geschapen en Gij vernieuwt het aanzien van de aarde, — neemt Gij uw adem weg, dan sterven zij en keren terug tot hun stof' (Ps. 104,29v).

Aan de ademhaling van de mens bemerken wij ook zijn gemoedsbeweging. Bij hevige ontroering gaat de adem sneller, bij plotselinge schrik stokt hij. Daarom kan hetzelfde woord ook de geestesgesteldheid van de mens aanduiden. Als Jezus verontwaardigd is, 'zucht Hij met zijn geest' (Mc 8,12). Daarmee is het ene deel van het semantische veld afgebakend: adem, leven, geest.

Daarnaast is er dan de tweede betekenis, die van wind. De wind is een geheimzinnig verschijnsel voor de antieke mens. De wind blaast waar hij wil; men hoort zijn gesuis, maar men weet niet vanwaar hij komt en waarheen hij gaat (Joh 3,8). Vandaar dat men deze mysterieuze kracht beschouwde als de adem van God. In een lied over de Uittocht heet het daarom: 'Door de adem van uw neus werden de wateren opgestuwd' (Ex 15,8). En juist als bij de mens, wordt die adem van God dan het symbool van de Geest die in Hem woont en die Hij uitzendt naar de mensen. Bij het Pinksterfeest bv. openbaart de Geest zich in een hevige wind (Hand 2,2). Het is niet uitgesloten, dat in Mc 1,8 eerder sprake is van 'wind' dan van 'geest'. Bij de andere twee synoptici lezen we in dezelfde samenhang: 'Hij zal dopen met de heilige Geest en met vuur' (Mt 3,11; Lc 3,16).

De tegenstelling 'ik doop met water, Hij met vuur' ligt voor de hand. Maar er is meer. Het vuur is voor de Doper symbool van het eschatologisch gericht. 'Hij (de Messias) heeft de wan in zijn hand en Hij zal zijn dorsvloer grondig zuiveren; zijn tarwe zal Hij in de schuur verzamelen, maar het kaf verbranden in een onuitblusbaar vuur' (Mt 3,12; Lc3,16). Het wannen gebeurde op een heel simpele manier: men wierp het koren omhoog, zodat de wind het kaf van het koren scheidde. Het kaf werd later verbrand. Wind en vuur zijn dus symbolen van het oordeel. Johannes doopt met water tot bekering. Het is de laatste kans, want het volgende doopsel zal het oordeel zijn. Jezus is echter niet gekomen om te oordelen, maar om te redden (Joh. 12,47). Zo worden wind en vuur symbolen van heil. Met Pinksteren daalt de Geest neer als een stormwind en doopt de kerk met vuur (Hand 1,5).

In het Oosten kan soms ineens een hevige wind opsteken. Dit heeft geleid tot een nieuw begrippenpaar: geest en kracht (vgl. Lc 1, 17.35). Vandaar dat we in Hand 10,38 lezen, hoe God Jezus gezalfd heeft met heilige Geest en met kracht. De Geest kan als een stormwind plotseling op iemand vallen (Hand. 10,44; 11,15), maar Hij kan ook iemand blijvend vervullen, zodat deze een 'man van de geest' wordt.

Deze zalving met de Geest heeft een heel andere achtergrond. Het zalven met welriekende olie was de voornaamste ritus van de intronisatie van de koning. Deze werd dan ook als in Ps 2,2 kortweg de Gezalfde genoemd. De doop van Jezus in de Jordaan is eigenlijk zijn plechtige aanstelling tot Profeet-Koning. We kunnen het ritueel van de troonsbestijging nog reconstrueren aan de hand van Ps 2, die zoals bekend zeer vaak op de Messias wordt toegepast (b.v. Hand 4, 25v; 13,33). Naast de zalving, die reeds genoemd werd, zijn nog de volgende elementen te noemen: de proclamatie tot Zoon van God (v.7); de vernedering van de vijanden die tot voetschabel worden gemaakt (v. 9); en de *proskynese* oftewel aanhankelijkheidsbetuiging van de vazallen (v. 9). Al deze elementen vinden we hier terug. Jezus wordt gezalfd met de Geest (Ic 4,18; vgl. Hand 10, 38). God noemt Hem zijn veelgeliefde Zoon (Mc 1,11). De satan wordt door Hem vernederd en de engelen bewijzen Hem hun diensten (Mc 1,13).

Het reeds meermalen genoemde citaat uit Hand 10,38 'God heeft Hem gezalfd met heilige Geest' stamt eigenlijk uit Jes 61,1. Lucas haalt deze plaats uitvoerig aan bij Jezus' eerste optreden in de synagoge van Nazaret (Lc 4,18). Daarmee boren we een nieuwe bron van bijbelse reminiscenties aan. Marcus zegt letterlijk, dat bij de doop van Jezus de hemel openscheurde. Hij ziet daarin de verhoring van het gebed uit Jes 63,19: 'Scheur de hemel open en daal neer.' Een paar verzen terug (Jes 63,11) bidt de profeet om de komst van een nieuwe Mozes, die zijn volk door de Rode Zee voert: 'Waar blijft Hij, die de Herder van zijn kudde (d.i. Mozes) voerde uit de wateren? Waar blijft Hij, die zijn heilige Geest in zijn binnenste stortte?'

Misschien vinden wij hier de oplossing voor de vraag, waar het beeld van de duif vandaan komt, of anders gezegd: hoe men in de duif een symbool van de Geest kon zien. In dezelfde context staat nl. ook nog: 'In zijn liefde en mededogen heeft Hij zelf hen (Israël) verlost en Hij hief hen op en droeg hen al de dagen van weleer' (Jes 63,9). Dit laatste verwijst weer naar één van de weinige plaatsen waar God met een vogel wordt vergeleken. 'Als een arend die zijn broedsel opwekt, over zijn jongen zweeft, zijn wieken uitspreidt, er een opneemt en draagt op zijn vleugels, zo heeft Jahwe alleen hem geleid' (Deut 32,11). In datzelfde lied krijgt Israël de geheimzinnige naam Jesjurun (Deut 32,15), wat in het Grieks wordt weergegeven met 'welbeminde' (vgl. Mc 1,11).

Een moeilijkheid blijft hierbij, dat nergens de duif genoemd wordt als beeld van God. Dat beeld komen we alleen tegen in de bruiloftsliederen van Israël, het Hooglied, waar 'mijn duifje' een erotische troetelnaam is (Hoogl 2,14;4,1;5,2; 6,9). Het kan echter best zijn, dat bepaalde religieuze beelden onder het volk een eigen leven hebben geleid zonder dat dit uit de geschreven openbaring blijkt. Zoals ik elders heb aangetoond, heeft de officiële religieuze leiding van Israël geprobeerd alles wat aan de vrouwelijke vruchtbaarheidsriten van Kanaän herinnerde, met wortel en tak uit te roeien.[4] Tevergeefs overigens, zoals uit toevallige in de Schrift achtergebleven resten blijkt. De verering van het vrouwelijke en al wat daarmee samenhangt zoals vruchtbaarheid, leven, bloed, enz. was onuitroeibaar. Het is dus niet uitgesloten, dat het beeld van de duif als symbool van het vrouwelijke in God wel degelijk onder het volk leefde. In heel het Oude Oosten is de duif symbool van de vrouwelijke vruchtbaarheid. De Griekse naam *Peristera* voor 'duif' betekent eigenlijk vogel van Istar (Astarte). Sint Hiëronymus, toch wel een kritische geest, citeert in zijn commentaar bij de doop van Jezus een passage uit het apokriefe evangelie van de Hebreeën: 'En het gebeurde dat, toen de Heer uit het water kwam, de heilige Geest die de bron van alle leven is, neerdaalde en op Hem kwam rusten en tot Hem zei: Mijn Zoon, op jou wachtte ik in alle profeten; ik wachtte tot jij zou komen om op jou te rusten. Want jij bent werkelijk mijn rustplaats, jij bent mijn eniggeboren Zoon, die eeuwig heerst'.[5]

Je kunt natuurlijk de vraag stellen: Is dit ook nog openbaring? Ik zou daarop met een wedervraag willen antwoorden. Wat voor ons openbaring is, is de neerslag van de religieuze ervaring van het volk Gods, van Joden en Christenen. Maar — en dit is mijn vraag — wat is dat volk Gods? Zijn dat alleen de religieuze leiders wier geschriften tot ons gekomen zijn, of spreekt de Geest ook door die duizenden naamlozen die in de officiële kerk niet aan het woord kwamen en wier stem alleen te horen is voor wie oren heeft om te horen?

3. 'HET RIJK GODS IS NABIJ'
Eerste zondag in de veertigdagentijd

Lezingen: Gen 9,8-15; 1Petr 3,18-22; Mc 1,12-15

Zoals we in de eerste inleiding hebben gezien, is Mc 1,1-15 als één geheel te beschouwen, een tweeluik waarvan 9-15 de tweede helft vormt. Dit tweede deel bestaat weer uit drie kleine tafereeltjes, de doop(9-11), de bekoring(12-13) en het begin van het openbare leven(14-15). Vooral de eerste twee taferelen had men niet mogen scheiden, want roeping en bekoring zijn eigenlijk één gebeuren. Wie zich door God tot een bepaalde taak geroepen voelt, weet dat dit zware consequenties kan hebben en zal zich innerlijk verzetten. Dit verzet is een vast onderdeel van de roepingsverhalen van een profeet. Bekend zijn de woorden van Jezus tot Saulus: 'Het valt u hard achteruit tegen de prikkel te slaan' (Hand 26,14). De ploegende os werd met een puntige stok aangedreven en als hij protesteerde deed dit nog meer pijn. De geroepene weet, dat verzet zinloos is. Hij kan niet anders. Maar de pijn is er niet minder om. Nu men de vv.12-13 bij de aankondiging van Gods koninklijke heerschappij heeft getrokken, komen de accenten anders te liggen. Het verblijf van Jezus in de woestijn wordt een beeld van het volk Gods, dat door de woestijn, 'die wildernis, dat oord vol gehuil' (Deut 32,10), op weg is naar het beloofde land. Op die weg begeleiden Gods engelen hen opdat ze hun voet niet zullen stoten aan een steen (Ps 91,12). En dat volk van God is op zijn beurt weer de kiemcel van het 'volk van God onderweg' dat wij zijn. Op weg naar de hernieuwing van onze levensbeslissing met Pasen, delen we in de angst van Jezus die aan het lot van de voorganger kon afmeten wat Hem te wachten stond. Niet voor niets gebruikt Marcus voor de gevangenneming van Johannes het woord 'overleveren', dat bijna een technische term is voor de passie van de Heer(vgl. 3,19; 9,31; 10,33; 14,10; enz.).

Nu de liturgie de bekoring in de woestijn verbindt met de aankondiging van het Rijk Gods, lijkt het zinvol aan dat thema wat meer aandacht te besteden. Collega van Iersel hield eens op een pedagogische academie een kleine enquête waarbij hij de leerlingen vroeg, wat zij zich voorstelden onder de woorden 'Rijk Gods'? Een van de antwoorden luidde: 'Daarbij denk ik aan een oude pastoor die op de preekstoel staat te preken en links en rechts wat termen de kerk inslingert'.[6] Dat is al weer vijftien jaar geleden en het waren rebelse jaren (1969), maar of we ook nu nog niet dikwijls die woorden ondoordacht gebruiken is toch de vraag. De uitdrukking 'Koninkrijk van God' (of 'Koninkrijk der Hemelen' zoals Matteüs formuleert) komt vooral voor in de drie synoptische evangelies. Zo vinden we het woord *basileia* (koninkrijk) bij Matteüs 55 keer en bij Johannes nog maar 5 keer. We kunnen dus voorlopig vaststellen, dat de formule vooral gebruikt is door Jezus en veel minder door zijn volgelingen. De reden hiervan kan hier buiten beschouwing blijven. Ik wil hiermee alleen zeggen, dat we niet aan de term gebakken zitten. Wat de oude kerk mocht, nl. de begrippen opnieuw formuleren, dat mogen wij ook. De vraag is alleen of het wijs is.

Zo'n vijftien jaar geleden verscheen er een leuk boekje met brieven van kinderen aan God. Een van die briefjes luidt: 'Lieve God, toen U de bijbel schreef, kon U alle woorden zelf maken en schrijven zoals U wou. Dat is geweldig'. Ik heb het gevoel, dat veel christenen onbewust nog een beetje zo denken, als ik bedenk, hoe moeilijk een nieuwe bijvelvertaling het heeft om zich door te zetten. Maar de werkelijkheid is anders. Jezus verkondigt: 'De tijd is vervuld en het Rijk Gods is nabij'. Wat 'Rijk Gods' is, hoeft Hij blijkbaar aan zijn hoorders niet uit te leggen. De inhoud van zijn boodschap is alleen: Het is zo ver, het staat te gebeuren. Later zal Hij het begrip inhoudelijk verduidelijken aan de hand van parabels maar het is niet zo, dat Hij hier een volkomen nieuw begrip introduceert, want dan had niemand Hem verstaan.

Wat is nu de inhoud van dat begrip? Dat is niet in een paar woorden te zeggen. Het beste gaan we uit van een stelling van de sociologische exegese die ontleend is aan het marxisme. Deze stelling luidt, dat de bovenbouw van een maatschappij (cultuur, kunst, maar ook religieuze voorstellingen) correspondeert met de onderbouw, met de maatschappelijke structuur. Om een paar simpele voorbeelden te noemen, die iedereen kent: In een patriarchale maatschappij wordt God voorgesteld als vader; bij een nomadenvolk als herder; in een monarchie als koning; enz. Het begrip 'Rijk Gods' (eigenlijk Gods koninklijke heerschappij) stamt dus uit de koningstijd van Israël. Dat klopt met de feiten, want in oudere boeken komt de term niet voor. Je zou hieruit kunnen concluderen, dat je de formule maar beter kunt vergeten in een tijd, dat de koninklijke macht weinig meer voorstelt. Maar zo eenvoudig liggen de zaken niet!

Wanneer gaat een volk zijn God 'koning' noemen? Het antwoord luidt: als zijn eigen koningen niet meer aan de verwachtingen beantwoorden. Wie de uitspraak 'Gij zijt onze koning' aan een literaire analyse onderwerpt, komt gemakkelijk tot de conclusie, dat die zin moet aangevuld worden met 'en niet koning 'X'. Nemen we als voorbeeld de beschrijving van de ideale Messias-koning in Jes 11,3; 'Niet naar uiterlijke schijn zal hij recht spreken, noch uitspraak doen naar hetgeen zijn oren horen'. In beide gevallen staat de ontkenning voorop, juist als in de vertaling. Wanneer een zin zo geconstrueerd is, dan weet ik dat bedoeld is: zoals een aardse koning doet.[7]

Het begrip 'Rijk Gods' is dus veel méér dan een toevallige beeldspraak, ontleend aan de eigentijdse politieke structuur. Het is een spiegelbeeld, een fotografische omkering van al wat er mis gaat in die structuur. Zo gezien staat het boven de tijd en vult het zich altijd weer opnieuw met de hoop en de verwachting van mensen die geknecht en vervolgd worden door de machten van deze wereld. En juist omdat het koningschap in onze tijd weinig meer voorstelt en men het woord nauwelijks nog associeert met de persoon van de regerende monarch, zou men de formule moeten handhaven.

Er kleven ongetwijfeld ook nadelen aan dit woordgebruik, vooral aan de variant 'Rijk der hemelen' die Matteüs gebruikt om de naam van God te vermijden. Dat wekt immers de indruk, dat het om een bovenaardse werkelijkheid gaat. Het is ongetwijfeld zo, dat in Jezus' tijd die 'hemelse' voorstelling bestond. Een onmisbaar onderdeel van het Rijk Gods was de nationale vrijheid. Een Jood kan zijn God alleen dienen als hij de vrijheid heeft Gods wet te onderhouden. Daarom bidt Zacharias: 'ons te geven, bevrijd uit de macht van de vijand, zonder vrees Hem te dienen, rechtvaardig en heilig voor zijn aanschijn al onze dagen' (Lc 1,73v). Na eeuwen onderdrukking hadden veel tijdgenoten van Jezus de hoop op de bevrijding van Israël opgegeven en hun verwachting verplaatst naar het hiernamaals. Maar Jezus leert ons bidden 'Uw Rijk kome' en niet 'laat ons binnengaan in uw Rijk'. Weliswaar gebruikt Hij de term 'binnengaan' wel eens in deze samenhang, omdat Hij zich bij de beschrijving van het Rijk van ruimtelijke beelden bedient (vgl. Mc 10,23v). Hij bedoelt daarmee, dat het ons niet zo maar overkomt. Van de mens wordt bekering gevraagd. In de joodse traditie heeft de verwachting van het Rijk Gods duidelijk twee kanten. Het is op de eerste plaats een uitzien naar de redding van Godswege. In een midrasj op de Psalmen wordt de vraag gesteld, waarom de verlossing door Mozes, Jozua en de rechters niet volledig was. Het antwoord luidt: 'Omdat jullie verlossing uitgevoerd werd door vlees en bloed en jullie geleid werden door mensenkinderen, die vandaag hier zijn en morgen in het graf, daarom was jullie verlossing slechts een tijdelijke. Maar in de toekomst verlos Ik jullie eigenhandig.'[8] Maar anderzijds is men ervan overtuigd, dat de realisering van Gods koningschap een opgave voor de mens is. Vandaar Jezus' oproep tot bekering. Het 'uw wil geschiede op aarde' is niet los te maken van 'uw Rijk kome'. 'Het Rijk Gods is gerechtigheid, vrede, vreugde door de heilige Geest', schrijft Paulus (Rom 14,17). En hij schrijft daar over heel alledaagse problemen. Het Rijk Gods is nabij. Het is geen 'ver-van-ons-bed' show. Het is als oproep aanwezig in elke mens die ons aankijkt en vraagt om hulp, om begrip, om wat vriendschap. Het komt erop aan paraat te zijn, want hij is ons voorbij voor we het weten.

4. 'GELOOF JE NIET, DAN RED JE HET NIET'
Derde zondag door het jaar

Lezingen: Jon 3,1-5.10; 1Kor 7,29-31; Mc 1,14-20

De verzen 14 en 15 van het eerste hoofdstuk van Marcus vormden het slot van de lezing op de eerste zondag van de veertigdagentijd en vandaag staan ze aan het begin. Dat tekent hun dubbelfunctie. Ze sluiten de proloog af (zie nr. 1) en leiden het openbare leven in. Uit de eerste lezing blijkt, dat men vooral het accent wil leggen op v. 15: 'bekeert u'. De rest is er kennelijk bijgevoegd om de lezing wat meer body te geven. Overigens geven de vv. 16-20 een goede illustratie van zo'n bekering. Zich bekeren betekent niet zonder meer een zondig leven de rug toekeren. Het staat voor elke beslissende wending die iemands leven nemen kan. Het is evenmin zo, dat een dergelijke ommekeer maar eenmaal in ons leven plaats vindt. Onze levensstructuur wordt bepaald door kernkeuzen die we achtereenvolgens maken.[9]

Zo is het ook met de apostelen gegaan. Het eerste deel van het Marcus-evangelie wordt gestructureerd door de kernmomenten in het leven van de Twaalf. De perikoop van vandaag bespreekt de eerste keus. In 2,13-14 krijgen we nog zo'n roepingsverhaal, dat eenzelfde opbouw heeft. Met 3,7 begint een tweede afdeling, eveneens ingeleid door een overzicht van de werkzaamheden van Jezus (3,7-12). Dan volgt de aanstelling van de Twaalf (3,13-19). Met 6,6a begint de derde afdeling, de zending van de Twaalf (6,6a-13). De perikoop van vandaag maakt deel uit van een groter geheel, dat loopt tot 1,39. Dit blijkt duidelijk uit v.39 dat rijmt op 1,14: 'Hij trok door heel Galilea, predikte in hun synagogen en dreef boze geesten uit.' Door zulke raamverzen, waarmee het tussenliggende a.h.w. ingelijst wordt, geeft de schrijver te kennen, dat hij een korte adempauze maakt.

De tussenliggende verzen geven een summiere schets van Jezus' belangrijkste activiteiten: preken in de synagogen, duivels uitdrijven, zieken genezen en bidden. Alles wordt heel kort en bijna schematisch verteld. Maar op ieder verhaal volgt een generaliserende uitbreiding. De ene onreine geest in v. 23 wordt aan het eind al 'onreine geesten'(v.27). De genezing van de schoonmoeder van Petrus leidt ertoe, dat *allen* die ziek of bezeten zijn bij hem gebracht worden. '*Velen* die aan *allerlei* ziekten leden genas Hij en Hij dreef *tal* van geesten uit' (v.34). Het zo juist genoemde vers 39 vat alles dan nog eens samen.

Een dergelijke uitbreiding van het incidentele tot een generaliserende beschrijving geschiedt natuurlijk niet toevallig. De schrijver geeft ermee te kennen, dat het niet om dat ene historische geval gaat, maar dat dit van gelding is voor allen die geloven.[10] Hetzelfde mogen we dan ook concluderen voor het verhaal van de roeping van de eerste vier leerlingen. Daar ontbreekt uit de aard der zaak de generaliserende uitbreiding. Maar het verhaal verloopt heel stereotiep. Mensen zijn bezig met hun dagelijkse werk. Jezus komt voorbij. Hij roept hen. Ze laten alles in de steek en gaan Hem achterna.

In werkelijkheid zal het wel wat anders verlopen zijn. Jezus roept niet zomaar willekeurige mensen die Hij nog nooit gezien heeft. En omgekeerd laten deze mensen niet alles in de steek voor een toevallig passerende vreemdeling. Dat ze zo maar niet alles in de steek laten, blijkt ook uit de volgende verhaal. Na zijn bezoek aan de synagoge gaat Jezus met Jakobus en Johannes naar het huis van Simon en Andreas. Ze hebben dus nog steeds een thuis nadat ze alles verlaten hebben ! Bij de roeping van Levi gaat het nog merkwaardiger toe. Na de vraag van Jezus staat deze op en volgt Jezus. Lucas voegt er voor alle zekerheid nog aan toe 'hij liet alles achter' (Lc 5,28). En vervolgens richt Levi van wat hij achtergelaten heeft een groot gastmaal aan(2,15). Het gaat hier dus om een groter aantal keuzemomenten, dat door de schrijver gecondenseerd ter lezing wordt aangeboden. Maar ook hier geldt: het is voor ons bedoeld. Een kunstenaar moet zaken verhevigen, essentialiseren, om te bereiken, dat zijn emoties, dat wat hij in woorden, kleuren, klanken of vormen wil overbrengen op anderen, ook werkelijk overkomt.

Voor de verkondiger ligt hier een grote moeilijkheid. Wanneer hij het verhaal in even felle kleuren schildert — of het misschien nog een beetje aandikt — schiet hij ver over zijn doel heen. Niemand verwacht, dat de luisteraars bij het horen van deze woorden hun boeltje pakken en de kerk verlaten om het evangelie te gaan verkondigen. Maar wat dan wel ? Het gaat erom de wezenlijke elementen van het verhaal te ontdekken en ontdaan van het incidentele en tijdgebondene opnieuw in eigentijdse taal te verkondigen. Bij dat laatste speelt de ervaringswereld van de verkondiger een belangrijke rol. Daar kan de exegeet niet intreden. Hij kan alleen het voorbereidende werk doen.

Het eerste element lijkt mij, dat Jezus de mensen roept tijdens hun alledaagse bezigheden. Niet in de kerk, niet tijdens een protestdemonstratie waar de emoties ons ver boven onzelf uittillen, maar bij het werk van iedere dag. Daar moet het gebeuren. In de manier waarop we die alledaagse taak vervullen moet het Rijk van God nabij komen. Of anders gezegd: die alledaagse dingen moeten hun alledaags karakter verliezen. De man of vrouw die het Rijk van God nabij weet, ervaart plotseling een geweldige bewustzijnsverruiming. De kleine dingen die we doen hebben blijvende betekenis, want zo wordt de wereld opgebouwd. Wij mensen leven van de zorgen, de trouwe plichtsvervulling van al die mensen om ons heen. In het plan van God is niets zonder belang, niets onbeduidend.

Het tweede moment is de schijnbare toevalligheid. Jezus komt voorbij. Het is letterlijk een bijkomstige gebeurtenis. Ons leven bestaat uit toevalligheden. We zijn veel meer gedetermineerd dan we zelf beseffen. Spreken over kiezen, over levenskeuze, is elitaire taal. Het is de taal van de held, van de autonome mens, die meent geheel over zichzelf te kunnen beschikken.[11] In werkelijkheid bestaan die mensen niet. 'En die heer die kiest een vrouw' luidt het in ons oerhollandse liedje. Maar niemand kiest een vrouw. Dat zou immers betekenen, dat hij alle gegadigden op een rijtje zet en weloverwogen zijn keuze doet. Kiezen betekent hier alleen maar, dat we achteraf zeggen: Het had ook heel anders kunnen lopen.

De eigenlijke 'keuze' geschiedt in ons hart en het hart heeft zo zijn redenen die de rede (het verstand) niet heeft. Dat geldt met name voor ons geloof. Helaas is geloven voor velen een rationele zaak geworden sinds de Blijde Boodschap in het Grieks vertaald is. Het woord 'bekering', dat letterlijk 'ommekeer' betekent, luidt in het Grieks *metanoia,* verandering van denken. Alsof we door iets in te zien ook vanzelf anders gaan handelen! In een onlangs verschenen gebedenboek voor bejaarden staan twee gebeden om geloof afgedrukt.[12] Het eerste is de traditionele 'oefening van geloof' die begint: 'Mijn Heer en mijn God, ik geloof vast al wat Gij geopenbaard hebt en door de heilige kerk mij voorhoudt te geloven'. Het tweede luidt: 'Mijn Heer en mijn God, ik geloof in U, Vader, die in goedheid de wereld en de mensen hebt geschapen'. Hier zien we twee wijzen van geloven': geloven 'dat' en geloven 'in'. Jezus roept op om te geloven *in* de Blijde Boodschap, je leven te laten bepalen door zijn Boodschap van liefde en vertrouwen.

Tenslotte het derde en belangrijkste element. De vier verlaten alles, zonder omkijken, om iemand die ze niet kennen te volgen. Zoals gezegd, historisch zal het wel anders gegaan zijn. Maar de betekenis is duidelijk. Geloven is je leven laten bepalen door het onbewijsbare, hopen tegen alle hoop in, liefhebben die je nooit gezien hebt. Het humanisme gaat er prat op, een beeld van de werkelijkheid te hebben, 'dat de toets der rede kan doorstaan'. Afgezien van de vraag, of niet iedere mens zich van tijd tot tijd laat leiden door irrationele motieven, kun je je afvragen, of er wel zoveel reden is om daar fier op te zijn. Is het niet veeleer een verschraling van ons mens-zijn? Wordt onze kijk op de werkelijkheid niet erg kortzichtig wanneer we alleen maar 'zien' wat we kunnen waarnemen met onze zintuigen? Wat zou onze wereld zijn zonder zieners die af en toe een droom hebben en daarmee ons op de been houden? Er zijn mensen die hun leven inzetten voor een betere wereld die ze zelf nooit zullen zien. 'Geloof je niet, dan red je het niet' (Jes 7,9).

5. HIJ ONDERRICHTTE NIET ALS DE SCHRIFTGELEERDEN
Vierde zondag door het jaar

Lezingen: Deut 18,15-20; 1Kor 7,32-35; Mc 1,21-28

Mc 1,21-39 wordt wel 'de sabbat in Kafarnaüm' genoemd[13]. Helemaal juist is deze benaming niet. Immers, de joodse dagindeling loopt van avond tot avond zoals we al op de eerste bladzijde van de Bijbel lezen: 'En het werd avond en het werd morgen: de eerste dag'. Daarom brengt men de zieken pas na zonsondergang naar Jezus. Dan is de sabbat, de rustdag, voorbij en mag men de zieken vervoeren. En Jezus begeeft zich ook pas daarna, aan het begin van de nieuwe dag, naar het gebergte om te bidden (v. 35). Eerder mogen we aannemen, dat Jezus met Simon vóór het invallen van de avond, na v. 20 dus, van het meer naar diens huis is Kafarnaüm is gegaan om samen met hem het sabbatmaal te gebruiken. Geen Jood laat iemand vóór de avond alleen verder trekken (vgl. Lc 24,29). Het sabbatmaal was en is bij uitstek de gelegenheid om vrienden te ontvangen. We mogen dus aannemen, dat Simon net als Levi (2,15) de ontmoeting met Jezus gevierd heeft met een goed maal. En de sabbat liep dan van vers 20-31.

Dat doet overigens niets af aan de bedoeling van deze auteurs. Zij willen er ons op wijzen, dat Marcus in dit eerste hoofdstuk gebeurtenissen vertelt, die duidelijk chronologisch met elkaar verbonden zijn. Zoals we weten, wordt Marcus in de traditie als interpreet van Petrus beschouwd. Deze duidelijke dagindeling zou wel eens terug kunnen gaan op de persoonlijke herinneringen van Petrus. Deze eerste ontmoeting met Jezus heeft zo'n diepe indruk op hem gemaakt, dat hij de volgorde van de gebeurtenissen nog precies kent: het bezoek aan de synagoge, de gebeurtenissen thuis en de zoektocht naar Jezus (v. 36). Het evangelie van Johannes, dat een wat andere voorstelling van zaken geeft, weet zelfs het uur van de ontmoeting nog: Het was ongeveer het tiende uur (Joh 1,39). Misschien denkt een kritische lezer, dat de schrijver hier het gras hoort groeien. Mijn redenering is: als ik geen andere verklaring, bv. een symbolische uitleg, voor deze details heb, dan blijft er maar één over, dat het inderdaad zo gebeurd is. En als iemand zich na jaren nog een gebeurtenis weet te herinneren, vooral visueel, dan heeft dat feit op hem een diepe indruk gemaakt.

Onze fantasie bewaart gebeurtenissen dikwijls veel beter dan het auditieve geheugen. Minder geleerd uitgedrukt: we *zien* soms dingen voor ons uit het verre verleden zonder dat we ons de woorden nog kunnen herinneren. Dat blijkt ook uit de perikoop van vandaag. De mensen staan letterlijk perplex over de leer van Jezus. Het woord wordt driemaal herhaald: 'Hij ging naar de synagoge en *leerde* daar. De mensen waren buiten zichzelf van verbazing over zijn *leer,* want Hij *leerde* niet als de schriftgeleerden'. En verder: 'Allen stonden verbaasd, zodat ze zich afvroegen: Wat is dit allemaal? Een nieuwe *leer* met gezag!' Maar wat Jezus leerde horen we niet. Het klinkt als het bekende mopje: De pastoor heeft prachtig gepreekt vanmorgen. Waar had ie het over? Weet ik niet, maar het was geweldig! En dit geval staat niet alleen. De melaatse die gereinigd is, begint zijn verhaal (logos) uit te bazuinen (v. 45). De mensen horen, wat Hij allemaal *doet* (3,8). Blijkbaar is het de persoon als geheel, die een indruk heeft gemaakt, die letterlijk onvergetelijk is.

Deze constatering is niet zonder enig belang. De laatste tijd is men, vooral van joodse zijde, bezig met wat men de 'Heimholung', de repatriëring van Jezus noemt. Het dogma van zijn goddelijk zoonschap heeft Jezus ontmenselijkt. Hij is niet langer één der onzen, niet langer een mens van vlees en bloed. En nog minder is Hij, wat Hij óók was, een zoon van het oude volk. Exegeten moeten soms constateren, dat mensen geschokt zijn als je zegt, dat Jezus een Jood was. Een zwitserse theologe vertelt, dat eens een vrome kloosterzuster reageerde met: 'Maar de heilige Jozef was toch in elk geval katholiek!'

Dit 'thuishalen' van Jezus is niet alleen eerlijk gemeend,

maar heeft ongetwijfeld zijn goede kanten. De wat etherische figuur, die als een God-incognito over de aarde wandelt, wordt weer een der onzen, 'een man met het lijden vertrouwd' (Jes 53,3). Toch heeft dit onderzoek ook nadelen zoals alles wat mensen ondernemen. Dat komt door de werkwijze, die noodgedwongen hierin bestaat, dat men afzonderlijke uitspraken van Jezus vergelijkt met wat ons aan woorden van joodse schriftgeleerden is overgeleverd en vervolgens constateert, dat maar weinig van Jezus' woorden niet ooit ook door anderen gezegd zijn. Maar in dit geval is de som van de delen niet gelijk aan het geheel! Ook al zouden we voor ieder woord van Jezus een parallel vinden in de joodse literatuur — men spreekt hier wel schamper van 'parallellomanie' — dan nog is dat geen getrouwe weergave van zijn optreden. Voor we een of ander voorbeeld ter illustratie geven een paar opmerkingen vooraf.

De uitspraak 'Nooit heeft iemand gesproken als die man' (Joh 7,46) bevat natuurlijk een subjectief element. Als geliefden tegen elkaar zeggen: 'Jij bent de liefste man/vrouw van de hele wereld!' dan zal niemand dat als een objectief oordeel opvatten. Maar daarmee zijn die woorden nog niet onwaar en nog minder inhoudsloos. Ze betekenen voor de persoon in kwestie misschien een levensvervulling, een totale verandering van hun perspectief. Het omgekeerde kan even goed gebeuren. De schriftgeleerden die getuigen waren van zijn overwinning op de macht van het kwaad, zeiden van Jezus, dat Hij met behulp van de vorst der duivels de duivels uitdreef (Mc 3,22). Het is geen toeval, dat in onze perikoop een duivel in Jezus 'de heilige Gods' erkent. De brief van Jakobus formuleert het zo: 'Gij gelooft dat er één God is? Prima! maar ook de boze geesten geloven dat, en ze sidderen' (Jak 2,19). Geloven in de zin van voor-waar-houden, dat kan de duivel ook, zegt Jakobus. Maar geloven in de echte bijbelse betekenis van zich overgeven, liefhebben, daartoe is hij niet in staat. Integendeel, hij is bang voor God. Het ligt uiteraard niet in mijn bedoeling de tegenstanders van Jezus van kwade trouw te beschuldigen. Wat ik hier alleen wil zeggen is: dezelfde feiten kunnen bij de een geloof wekken, terwijl ze de ander in zijn ongeloof bevestigen. Geen enkel feit dwingt een mens in absolute zin. Er blijft altijd twijfel mogelijk. De tegenstanders van Jezus zullen zeker wel eens momenten gekend hebben, dat ze dachten: zou Hij dan toch de messias zijn? Maar juist door die twijfel weg te duwen raakten zij steeds meer bevestigd in hun afwijzing.

Een tweede opmerking is deze: de manier waarop de mensen hun opmerking formuleren 'Niet als... maar' (v. 22) verraadt een zekere aversie tegen de manier waarop de schriftgeleerden werkten. Hun uiterst scherpzinnige redeneringen, die soms verdacht veel van scherpslijperij hadden, maakten blijkbaar de mensen kregel. Je krijgt dan als luisteraar het gevoel, dat er geen speld tussen te krijgen is, maar overtuigd ben je daardoor niet. Jezus had een heel andere aanpak, veel eenvoudiger, met voorbeelden uit het dagelijks leven. En dat werkte als nieuw (v. 27) en verfrissend.

Tenslotte een redering a priori, die ik al vaker geplaatst heb. Jezus had eigenlijk zo goed als alles tegen, zijn afkomst (zie no 15), zijn weigering gevolg te geven aan nationale aspiraties, enz. Dat Hij desondanks een gevaar opleverde voor de gevestigde orde, bewijst, dat zijn persoon een enorme uitstraling moet hebben gehad. Hij is beslist niet geliquideerd, omdat Hij alleen maar herhaalde wat anderen al zo vaak gezegd hadden.

Ik ben de lezer nog een voorbeeld ter illustratie schuldig. Ik neem de parabel van de werkers van het elfde uur (Mt 20,1-15), een verhaal dat zelfs bij de hedendaagse lezer nog irritatie wekt. En die irritatie is bedoeld. Jezus *wil* de hoorder schokken. Als het om onze relatie tot God gaat, kunnen we geen rechten doen gelden. Ook de wetsgetrouwe mens die 'de hitte van de dag' gedragen heeft, is aangewezen op zijn goedheid. Nu kent de Talmoed ook zo'n verhaal. Een vrome man is jong gestorven en men vraagt zich af: waarom sterven de besten onder ons jong en blijven anderen in leven? Dan vertelt de rabbi bij zijn begrafenis een soortgelijke parabel. De landeigenaar betaalt iemand die pas een uur gewerkt heeft reeds het volle loon uit. Want, zo zegt hij, jij doet in één uur evenveel als de rest in een hele dag. Zo is het ook met deze jongeman gegaan. De conclusie is aan de lezer!

6. DE DAG VAN KAFARNAÜM
Vijfde zondag door het jaar

Lezingen: Job 7,1-4.6-7; 1Kor 9,16-19. 22-23; Mc 1,29-39

De eerste helft van het evangelie van vandaag schildert ons een oer-hollands tafereeltje: na de hoogmis bij oma op de koffie. Tegelijk is het door en door joods. De joodse vrouw was vrijgesteld van religieuze verplichtingen die aan een bepaalde tijd gebonden waren, omdat haar taak als moeder en huisvrouw daarmee vaak niet verenigbaar was. Als mijn veronderstelling uit het vorige nummer juist is en Jezus reeds de avond tevoren met zijn vrienden te gast is geweest in het huis van Petrus, dan is het probleem duidelijk. Je zult zomaar drie volwassen mannen te eten krijgen, terwijl je op sabbat niet mag koken! Geen wonder, dat het goede mens het te pakken krijgt! Jezus pakt haar bij de hand, hetzelfde lieve gebaar als bij de genezing van het dochtertje van Jaïrus (5,41). Ook dat meisje was doodziek van verdriet: Ze was twaalf jaar, staat er, de huwbare leeftijd (zie nr. 14). De rest van beide verhalen verloopt omgekeerd. Jezus zorgt dat het kleine meisje te eten krijgt (5,43). Deze pronte moeder staat op en zorgt voor het huishouden ('hen' staat er in v. 31).

Maar daarmee is dat mooie verhaal wel ten einde. En hoe moet het nu verder met de preek? Hier blijkt weer eens, hoe jammer het is, dat we te doen hebben met een perikoop, wat letterlijk een 'rondom afgekapt stuk' betekent. Hier wordt zelfs een dag in tweeën gekapt. Het spreekt vanzelf, dat het in- en uitgaan van de synagoge (v. 21 en 29) bij elkaar hoort. Marcus gebruikt hier in kort bestek vijf maal zijn geliefde woordje *euthus* (terstond) nl. in v. 21 (en terstond op de sabbat); 23 (en terstond was er in hun synagoge een mens; 29 (en terstond uit de synagoge); 30 (en terstond spraken zij met Hem). Verder staat het nog eenmaal in v. 28. Het is duidelijk, dat de beide wonderverhalen door dit rijmwoord bij elkaar getrokken worden. Ook het weggaan van de koorts staat parallel met het uitgaan van de onreine geest. Dat werpt een clair — obscur licht op dit kleine verhaal. Jezus gaat uit de synagoge naar het huis. In de synagoge wordt Hij afgewezen: 'Wat hebt Gij met ons te maken?' In het huis is een lieve oude vrouw die Hem dient. Is het te ver gezocht hierin de gang van de oerkerk te zien? De synagoge bant de christenen uit. Zij zoeken hun toevlucht in de huiskerken, waar vrouwen voor warmte en geborgenheid zorgen (vgl. 15,41)[14].

Hiermee wil ik niet beweren, dat de afbakening van de perikoop van vandaag (v. 29-39) slecht is. De verzen 28 en 39 vormen een soort refrein dat duidelijk een samenhangend geheel omlijsten wil. We hebben weer met een tweeluik te doen: 29-31 en 35-38. De verzen 32-34 zijn het scharnier. Met het invallen van de avond begint een nieuwe dag. De deur van het huis (of van de stad?) verbindt twee werelden, het huis van Petrus en de eenzaamheid waarin Jezus zich terugtrekt. Het zwijggebod verbindt de perikoop met de volgende (v. 44). Vanaf hier kan de predikant twee kanten uit. Hij kan de ontwikkeling van het geloof van de leerlingen, en de reactie van Jezus daarop, nagaan. Hij kan ook proberen zich te verdiepen in Jezus' eigen innerlijke ontwikkeling. Aan het laatste zijn uiteraard meer risico's verbonden.

Het eerste wonder van Jezus heeft diepe indruk gemaakt op Petrus. Dat blijkt uit de nauwkeurige beschrijving (zie nr. 5). Aan de verbreiding van het nieuws zal hij ook wel niet vreemd geweest zijn. Bijgevolg neemt hij het niet, dat Jezus er in stilte, terwijl allen nog slapen, tussenuit trekt. Hij gaat Hem achterna. Maar dit achternagaan is iets heel anders dan het 'volgen' in v. 18 en 20. Achter een leermeester aangaan betekent zijn leerling worden. De joodse rabbi liep voorop en de leerlingen volgden hem in ganzemars[15]. Maar hier neemt Petrus de leiding over zoals in 8,33, waar Jezus hem sommeert: 'Ga achter mij', d.w.z. ken je plaats als leerling. Marcus kiest hier voor 'achternagaan' dan ook een heel ander woord. Letterlijk schrijft hij dat Petrus Jezus achtervolgt. Ook het 'zoeken' van de menigte (v. 37) heeft meestal een ongunstige betekenis (zie nr. 33). Pas in 16,6, waar de vrouwen Jezus zoeken, krijgt het woord een gunstige klank. Dat was ook op de eerste dag van de week en Marcus gebruikt er precies hetzelfde woord 'heel vroeg' (v. 35; vgl. 16,2). Maar Petrus en zijn gezellen hebben er nog niets van begrepen. Hij, Petrus, wil Jezus terughalen naar zijn eigen huis in Kafarnaüm. Maar Jezus verlaat de stad en vlucht in de eenzaamheid (v. 35 en 45). Het gaat Petrus om de wondertekenen, maar voor Jezus is de verkondiging van het naderende Godsrijk het enige waar het op aan komt (v. 38). De tekenen overkomen Hem meer dan dat Hij ze zelf verricht. Dat blijkt uit zijn antwoord aan Johannes op de vraag, of Hij de Komende is (Mt 11,4): 'blinden zien en lammen lopen...' (en niet 'Ik genees blinden, doe de lammen lopen'). Het is Gods heerschappij die in Hem werkzaam is en die moet verkondigd worden. Dit onbegrip van de leerlingen zal ons het hele evangelie door vergezellen. Hoogtepunt is ongetwijfeld de zojuist vermelde passage, waar Petrus meent Jezus te moeten terechtwijzen (Mc 8,32). Op dat dramatische keerpunt, waar Petrus Jezus openlijk als Messias erkent, blijkt hoe ver het denken van beiden uiteenloopt. En soms denk je wel eens, dat de opvolgers van Petrus het nog steeds niet begrepen hebben en maar doorgaan met Jezus te corrigeren.

Daarmee zijn we aan het tweede punt gekomen, de innerlijke ontwikkeling van Jezus. Zoals gezegd, het is een hachelijke onderneming je daarin te verdiepen. Hij zegt nooit wat er in Hem omgaat, we kennen alleen zijn reacties. En die zijn zoals alle menselijke gedragingen voor meerdere interpretaties vatbaar. Voor een hyperorthodox denkende christen zijn al die reacties slechts camouflage. Hij is immers alwetend en voorziet alle reacties van zijn omgeving. Als Hij dus op de vlucht slaat, is dat slechts goddelijke pedagogie. Zo zullen de meesten van mijn lezers niet denken, want dan hebben ze mij al lang afgeschreven. Maar hoe denken zij, hoe denkt u, lezer, wel? Dat weet ik niet en dat maakt mij soms bezorgd.

Nemen we de draad nog even op bij het begin. In een uiterst intieme ervaring, bij zijn doop, wordt Jezus zich bewust van zijn roeping. Zijn eerste reactie is er een van schrik. Hij vlucht de woestijn in om het met zichzelf uit te vechten. Hier, in de perikoop van vandaag, hebben we ongeveer dezelfde reactie. Hij vlucht de eenzaamheid in om er te bidden. Als Jakob vecht Hij daar met zijn God en Hij besluit door te gaan en heel Galilea door te trekken. Vraag is: hebben die eerste wondertekenen, de uitdrijving van een onreine geest en de uitdrijving van de koorts (bij Lc 4,39 ook een soort geest) Hem verrast of is Hij geschrokken van de reactie die deze genezingen uitlokken? We weten het niet. Opvallend is wèl, dat Marcus in beide gevallen tweemaal het woordje 'terstond' gebruikt, zoals we hebben gezien. En dat is meer dan een stopwoordje. Je zou het ongeveer zo moeten vertalen: 'En plotseling, als Hij de synagoge binnengaat, staat daar plotseling een man voor hem'. Ook in het tweede geval wordt Hij overvallen door de vraag van zijn vrienden: 'Zij spraken plotseling over haar'. Het lijkt of het Jezus overvallen heeft.

Hoe gaat dat, wanneer iemand zich ervan bewust wordt

over buitengewone krachten te beschikken? Uit mijn ervaring ken ik maar één geval. Een vader was erbij, toen zijn dochtertje een kan kokende koffie over zich heen trok. In zijn radeloosheid met het gillende kind in zijn armen deed hij iets, waarbij hij het gevoel had, dat iemand anders in hem handelde. Bijna onmiddellijk werd het kind rustig. Sindsdien heeft hij bij talloze mensen de pijn van brandwonden gestild.

Waarom denk ik hieraan? Ik leid dit af uit de volgende perikoop (40-45). In eerste instantie is Jezus gevlucht voor zijn eigen kracht. Maar dan staat ineens die melaatse voor Hem. Hij wordt door medelijden bewogen, lezen we, en raakt de man aan. Maar een paar handschriften hebben daar een heel ander woord, nl. *orgistheis,* Hij werd woedend. Het ligt voor de hand, dat latere afschrijvers dit woord vervangen hebben, eerder dan het omgekeerde. Aan het slot van dat verhaal lezen we, dat Jezus niet meer openlijk in de stad kon komen, maar buiten op eenzame plaatsen verbleef (v. 45). Maar, zo staat er, toch kwamen de mensen van alle kanten naar Hem toe, zoals trouwens ook van de melaatse gezegd wordt, dat hij naar Hem toekomt (v. 40). Een een paar dagen later vinden we Jezus terug in Kafarnaüm, thuis, d.w.z. in het huis van Petrus. Wat daartussen ligt, moet de lezer zelf maar invullen.

7. 'IK WIL, WORD REIN'
Zesde zondag door het jaar

Lezingen: Lev 13,1-2.45-46; 1Kor 10,31-11,1; Mc 1,40-45

De liturgie heeft voor vandaag als eerste lezing een paar verzen uit Leviticus gekozen, die het voorschrift waarover sprake is in v. 44 moeten uitleggen. Wie zich de moeite getroost de hoofdstukken 13 en 14 van dit boek, waarin het woord 'lepra' niet minder dan 32 maal voorkomt, door te lezen, zal bemerken dat het woord, anders dan tegenwoordig, de verzamelnaam is voor alle mogelijke soorten huidziekten en huiduitslag. Alle vormen hebben dit gemeen, dat ze de mens 'onrein' maken. Wellicht is het goed, dit begrip 'onreinheid' wat nader te belichten.

Mc 1,40-45 vertoont een zekere samenhang met 21-28, de eerste duivelbezwering. Daar wordt driemaal de term 'onreine geest' gebruikt. In deze perikoop staat het werkwoord 'reinigen' eveneens driemaal en telkens met nadruk aan het eind van de zin.[16] De beste illustratie van dit begrip is wellicht Lev 20,24-26: 'Ik heb u van andere volken onderscheiden. Maakt gij dus onderscheid tussen reine en onreine dieren... Besmet u niet met die dieren... die Ik onrein heb verklaard en als zodanig heb aangewezen. Wees heilig voor Mij, want Ik, Jahwe ben heilig. Ik heb u van andere volken onderscheiden om Mij toe te behoren'. 'Onrein' staat dus tegenover 'heilig' en 'heilig' heeft weer alles te maken met 'afgezonderd'. Een heilige plaats is een plek die slechts door bepaalde personen betreden mag worden, waarbinnen bepaalde regels gelden zoals in het verleden het priesterkoor. De Joden mogen zich niet vermengen met de buurvolken. Die zijn onrein, omdat zij andere goden vereren. Dieren die bij die volken 'heilig' zijn, worden voor de Joden 'onrein', d.i. taboe, verklaard. Onrein heeft dus in eerste instanties niets te maken met 'vies' al denken we bij een huidziekte makkelijk in termen van hygiëne. De melaatse wordt uitgestoten, omdat hij een door God geslagene is. Hij is als een dode en elke aanraking met de dode maakt onrein. De Talmoed zegt hierover: 'Vier worden als doden beschouwd: de arme, de melaatse, de blinde, en de kinderloze' (Nedariem 64b). Bij de melaatse wordt dan verwezen naar Num 12,12. Aäron bidt daar voor Mirjam, die voor straf melaats geworden is: 'Laat Mirjam toch niet zijn als een doodgeboren kind, dat half vergaan uit de moederschoot komt'. En de koning van Israël, die het verzoek krijgt Naäman van zijn melaatsheid te genezen, roept vertwijfeld uit: 'Ben ik soms God, met macht over leven en dood'?

Een 'onreine' geest heeft dus niets met sexualiteit te maken. Alles wat anti-goddelijk is, is onrein. Daarom wordt de zonde in haar algemeenheid aangeduid als 'onreinheid' en 'reinig mij van mijn zonden' betekent: vergeef mij het kwaad dat ik gedaan heb. Het is typerend voor de anti-sexuele richting die de christelijke moraal genomen heeft, dat sexuele misstappen aangeduid worden met termen als onreinheid, onzuiverheid, onkuisheid. Daarmee werden sexuele zonden, of wat daarvoor aangezien werd, (vies gedaan!) tot de zonde bij uitstek, de grote zonde.[17]

Het is voor de moderne westerse mens moeilijk zich die

categorieën rein-onrein voor te stellen. Wellicht brengt (helaas!) de term 'milieu-vervuiling' ons nog het dichtst in de buurt. Grond die vervuild is, lucht die vervuild is, hoeft niet per se vies en smerig te zijn. Er kan een chemisch volkomen 'zuiver' gif in de grond zitten. Maar er groeit niets en wat er groeit bedreigt het leven van mens en dier. In veel gevallen kan het gif niet eens vernietigd worden en het enige wat de mens nog doen kan is vluchten, het gif isoleren. Hier ligt een belangrijke parallel met het bijbelse begrip. De 'onreine' mens wordt uit de gemeenschap gestoten en is als een dood verklaarde. Daarom leeft deze man uit het evangelie ook in de eenzaamheid. Jezus geeft hem weer de mogelijkheid zich vrij onder de mensen te bewegen. Maar Hij werd zelf daardoor een uitgestotene, die zich niet meer openlijk kon vertonen. Zo zal het vaak gaan. Wie zich werkelijk wil inzetten voor de uitgestotenen zal zich met hen moeten identificeren, één der hunnen moeten worden. En het gevolg is, dat hij dan ook zelf door de gemeenschap uitgestoten wordt. Jezus heeft zich afgegeven met de religieuze outcasts van zijn tijd, de hoeren, de tollenaars. Het gevolg is, dat Hij 'die vriend van tollenaars en zondaars' genoemd wordt (Lc 7,35).

Voor het eerst worden, zij het indirect, hier de toekomstige tegenstanders van Jezus genoemd, de priesters. Zij hadden de taak onderscheid te maken tussen rein en onrein, zij waren de experts op dit gebied. Wie kan uitmaken wat rein en onrein, goed of kwaad is, heeft een geweldige macht over de mens. Ook hier dringt zich de parallel met het milieu op. De chemische wereld is zo ingewikkeld geworden dat er slechts enkelen zijn, die weten wat er onder lange en ingewikkelde namen schuilgaat. We zijn op leven en dood aan hun oordeel overgeleverd. De priesterkaste kon in Jezus' tijd iemand dood verklaren. Jezus verbrak de grenzen tussen heilig en onrein. Hij gaf de melaatse een hand. Maar daarmee brak Hij ook de macht van de priesters en daarom werd Hij zelf gebroken.

Het is merkwaardig, dat Marcus zich in dit stukje van heel harde taal bedient. We schreven al, dat sommige handschriften in v. 41 lezen: 'Hij werd opgewonden, woedend' (zie nr. 6). Waar de KBS-vertaling heeft 'Hij vermaande hem met klem', staat eigenlijk 'Hij snauwde hem toe'. Het woord 'wegsturen' wordt ook gebruikt voor het uitdrijven van duivels (1,39; 3,23; 9,18.28). Overigens 'jaagt' ook de Geest Jezus de woestijn in (1,12). Ook het bevel 'ga weg' (hypage) in v. 44 is een hard woord, dat Markus bv. in 8,33 gebruikt: 'Ga weg, satan'. Deze barse taal wordt verschillend uitgelegd. Sommigen denken, dat het ironisch bedoeld is: 'Wat sta je hier nou nog te treuzelen? Schiet op, man, je bent genezen!' Het valt echter op, dat Marcus zich ook in het volgend vers heel sterk uitdrukt (v. 45): 'Hij begon overal te verkondigen (kerysseín) en de zaak (logos) uit te bazuinen'. Wanneer mijn interpretatie van de vorige perikoop klopt, is Jezus op vlucht voor de mensen die op Hem af komen. Hij voorziet nu, dat Hij met deze genezing zijn eigen graf graaft. Zijn opgewondenheid staat helemaal in de lijn van de oude profeten, die in verzet kwamen tegen hun roeping. Jeremia vervloekt de dag waarop hij geboren werd. 'Vervloekt de man die mijn vader het nieuws bracht: 'Je hebt een zoon!' en hem daar blij mee maakte. Het zal die man vergaan als de steden die God meedogenloos heeft verwoest...Hij had mij in de schoot moeten doden; dan was mijn moeder mijn graf geworden en haar schoot voor altijd zwanger gebleven' (Jer. 20, 14-17).

De perikopen 1,21-28 en 40-45 komen nog in een ander punt overeen: in beide treffen we het zogenaamde 'messiasgeheim' aan met dit verschil dat de onreine geest een spreekverbod krijgt opgelegd, en de melaatse het gebod om te zwijgen.[18] We kunnen ons voorstellen, dat Jezus niet wil, dat zijn messiaanse waardigheid door een demon geproclameerd wordt. Het is ook duidelijk, dat Hij de enorme toeloop van mensen wil afremmen. Toch klinkt het onlogisch, dat de genezene zich aan de priesters moet vertonen, maar niet mag zeggen, hoe hij genezen is. Lc 5,12-16 vertelt dan ook niets over het overtreden van het gebod en Mt 8,1-4 laat het gebod helemaal weg. Jezus kon inderdaad verschillende redenen gehad hebben zijn messiaanse waardigheid niet te etaleren. Een ervan was ongetwijfeld zijn zorg niet als politieke figuur beschouwd te worden. Het spreekverbod na de belijdenis van Petrus (8,30) is zo te verklaren. Men treft dit dan ook bij alle drie synoptici aan.

Moeilijker liggen de zaken met het verbod na de gedaanteverandering (9,9). Jezus verbiedt de drie hierover met iemand te spreken voordat de mensenzoon uit de doden is opgestaan, vóór de verrijzenis dus. Maar Marcus schrijft lang na de verrijzenis. Hij schrijft om aan het zendingsbevel te voldoen het evangelie aan heel de schepping te verkondigen (16,15). Hij schrijft geen historisch verslag, maar een evangelie, de Blijde Boodschap. Ik ontkom niet aan de indruk, dat het spreekverbod en het daarmee verwante onbegrip van de leerlingen (vgl. 9,10) ook een apologetische tendens verraadt. Hij wil zijn lezers uitleggen, hoe het mogelijk is, dat de leerlingen ondanks alles wat zij gezien hebben en bloc gevlucht zijn toen Jezus gevangen genomen werd. Het is de bekende uitvlucht: we wisten het niet.

8. UW ZONDEN ZIJN VERGEVEN
Zevende zondag door het jaar

Lezingen: Jes 43,18-25; 2Kor 1,18-22; Mc 2,1-12

Het verhaal van de genezing van de lamme van Kafarnaüm is de draaischijf in de eerste fase van Jezus' optreden, die loopt van 1,16-3,6.
In de eerste helft zien we Jezus' populariteit als het ware met de dag toenemen. De mensen zijn buiten zichzelf van verbazing (1,22). Iedereen zoekt Hem (1,37). Het laatste vers van onze perikoop sluit deze beweging af: voortaan horen we geen reacties van het publiek meer.
Daartegenover verschijnen de tegenstanders, de schriftgeleerden, hier voor het eerst op het toneel (v.6). Voorlopig zwijgen ze nog (ze zeggen bij zichzelf). In de volgende perikoop (2,16) vallen ze de leerlingen aan. Vervolgens beklagen ze zich bij Jezus over zijn leerlingen (2,18.24). In 3,6 tenslotte smeden ze openlijk plannen om Jezus uit de weg te ruimen. Deze felle reactie al aan het begin van het openbare leven lijkt onwaarschijnlijk, maar Marcus geeft hier in een notedop aan, hoe het drama zal verlopen. De beschuldiging van godslastering (2,7) zal uiteindelijk tot zijn veroordeling leiden (14,64).

De eerste helft van de sectie (1,16-45) gaat vooral over wonderen, genezingen en duiveluitdrijvingen. In de tweede helft worden vooral twistgesprekken behandeld. In de eerste helft zegeviert Jezus over de macht van het kwaad, zowel in fysieke als morele zin. In het tweede deel wordt steeds meer duidelijk, dat de kwade machten uiteindelijk zullen zegevieren. In 2,1-12 zijn beide perspectieven ineengeschoven. Er wordt een zieke genezen en tevens wordt duidelijk, dat fysiek en moreel kwaad niet los van elkaar staan. En tegelijk zien we in het middelste deel (v. 5a-10b) het twistgesprek op gang komen, waaraan het volgende deel is gewijd: eten met zondaars (13-17); het vasten (18-22); de sabbat (23-28 en 3,1-6).

De perikoop 2,1-12 is lange tijd een favoriet thema van het vormhistorisch onderzoek geweest. De 'Formgeschichte', zoals we die school meestal kortweg aanduiden, heeft vooral oog voor onregelmatigheden in de tekst. Die foutjes in de *vorm* van het verhaal tonen aan, dat deze een *geschiedenis* heeft. En door die geschiedenis te reconstrueren leren we de tekst beter verstaan. We sommen deze onregelmatigheden nog eens kort op. Men vindt ze uitvoering behandeld door de Nijmeegse exegeet van Iersel, die destijds een fervent en kundig beoefenaar van deze methode was.[19] In het begin van het verhaal zijn de schriftgeleerden nergens te bekennen. Lc 5,17 heeft dit gecorrigeerd: 'er zaten ook Farizeeën en Wetgeleerden bij'. Aan het slot worden ze ook niet meer genoemd, zodat het lijkt alsof 'iedereen' in v. 12 ook de schriftgeleerden omvat. Aan het begin wordt helemaal niet gezegd, dat deze man een zondaar is, zoals bv. wel gebeurt in Lc 7,37, en aan het eind wordt over de zondevergeving met geen woord meer gerept. Matteüs corrigeert dit door te schrijven: 'zij werden door ontzag bevangen (over het wonder) en zij verheerlijkten God, die zulk een macht (nl. zonden te vergeven) gegeven had aan mensen'.

Kortom, het heeft er alles van weg, dat in een oorspronkelijk wonderverhaal het twistgesprek over de vergeving van de zonden is ingelast. Men kan van 'zei Hij tot de lamme' in v. 5 overspringen op dezelfde woorden in v. 10 en dan verder lezen: 'Ik zeg u, sta op, neem uw bed mee en ga naar huis'. Dan heeft men een compleet verhaal, waar niets aan mankeert. Het tussenstuk lijkt, afgezien van de inleiding die weggevallen is, perfect op de andere strijdgesprekken (16-17; 18-20; 23-28). Ook daar wordt de reactie van de tegenstanders verzwegen. Het accent ligt op de spreuk waarmee de discussie gesloten wordt. Naar de *Sitz im Leben* van deze inlassing hoeven we niet lang te zoeken. De formulering, dat de Mensenzoon *op aarde* macht heeft om zonden te vergeven, wijst erop, dat Hij zelf niet meer op aarde is. Anders is dat een volkomen overbodig detail. We weten, dat de vergeving van de zonden in Jezus' naam een vast onderdeel uitmaakte van de christelijke verkondiging (Hand 2,38; 3,19; 5,31; 13,38). Eveneens een vast thema was een beroep op de wonderen die de zending van Jezus en zijn leerlingen bekrachtigen (Hand 2,22.43; 4,30; 6,8). Zelf weigert Jezus evenwel dergelijke tekenen te doen (8,11v). De evangelist wil met deze inlassing dus te kennen geven, dat wonderen als zodanig weinig waarde hebben voor het geloof. De schriftgeleerden worden er niet door bekeerd. Maar voor de gelovigen die het teken verstaan hebben ze wel be-tekenis.

De vraag die de moderne exegese zich stelt is: Kun je ook zonder deze ingewikkelde vormhistorische analyse niet tot deze conclusie komen? Tenslotte waren de eerste lezers van Marcus ook geen vak-exegeten en de kerk heeft het twintig eeuwen zonder de 'Formgeschichte' moeten stellen. Bovendien, de evangelist moge dan een eenvoudige man geweest zijn — zijn Grieks is tamelijk volks —, daarmee kan hij nog wel over gezond verstand beschikken! Met andere woorden: hij schrijft geen onzin. Bekijken we daarom het verhaal nog eens nauwkeurig zoals het nu voor ons ligt.

Op de eerste plaats valt op, dat Jezus niet zegt: 'Ik vergeef je je zonden', maar 'Je zonden worden je vergeven' (dat is beter dan 'zijn vergeven'). Achter die passieve vorm gaat de naam van God schuil.

Aan het slot lezen we dan ook, dat de mensen God verheerlijken, niet Jezus. De beschuldiging van de schriftgeleerden, dat Jezus God lastert omdat alleen God zonden kan vergeven is dus vals. Waar het om gaat is, dat Jezus een vergevende God verkondigt. Daarmee komt Hij in conflict met de schriftgeleerden, die van oordeel zijn, dat alleen zij de wet kennen en dus kunnen onderhouden. 'Zij maken bundels van zware, haast ondraaglijke lasten en leggen die de mensen op de schouders, maar zelf steken ze er geen vinger naar uit' (omdat zij de fijne kneepjes van de wetsinterpretatie kennen), zegt Jezus (Mt 23,4). Zij bezitten door hun wetskennis de sleutels van het rijk der hemelen. Zelf gaan ze er niet binnen, maar tegelijk versperren zij de weg voor het gewone volk, dat niet lezen of schrijven kan (vgl. Mt 23,13). Of, zoals het apokriefe evangelie van Thomas zegt: 'Ze zijn als een hond, die slaapt op de voerbak van de ossen. Zelf eet hij er niet van, maar hij laat de ossen ook niet eten' (ev. Thom. 102). Het besef, toch nooit in staat te zijn de wet te onderhouden, had een verlammende werking op de eenvoudige mensen. Zij voelden zich doorlopend schuldig. Door hun het vertrouwen in een liefdevolle Vader terug te geven en vooral door te verkondigen, dat lichamelijke gebreken geen straf voor de zonde zijn, maakt Jezus, dat deze mensen weer 'vooruit' kunnen, helpt Hij hen op de been.

Een verder bezwaar tegen de vormhistorische exegese is de eenzijdige gerichtheid op het verleden. Men probeert vooral te achterhalen, wat de schrijver destijds bedoeld heeft. Maar lezen is een proces, waarbij ook de tegenwoordige lezer een rol speelt. Lezen is een ontmoeting tussen de lezer en zijn tekst. En deze ontmoeting verloopt steeds weer anders, omdat de lezer telkens een ander is. Hoe zouden we trouwens jaar in jaar uit over hetzelfde evangelie kunnen preken, als de tekst zo eenvoudig was als de 'Formgeschichte' meent? Juist omdat ik als lezer mede de betekenis bepaal en ik zelf ook voortdurend verander, blijft de tekst steeds actueel.

Centraal staat in dit stukje evangelie het woord 'lamme'. Het komt vijf keer voor en heeft in het Grieks vijf lettergrepen (paralyticus). Maar wat gaat er in de lezer om, als hij het woord 'lamme' hoort? Wat werkt er verlammend op zijn leven? Is dat het saaie, iedere dag terugkerende werk of juist gebrek aan werk en de eindeloze verveling? Een woord dat drie keer voor komt is 'bij zichzelf zeggen'. Wat denken mensen 'bij zichzelf' over mij? Wat doet een anonieme brief mij? Is het voor mij dan een troost te weten, dat Jezus weet wat erin mij om gaat? Tenslotte komt het woord 'vergeven' vier keer voor (v. 5. 7.9.10). Ook dat woord klinkt voor iedereen anders, omdat ieder zijn eigen verleden heeft, dat hij met zich meesleept tot hij weet dat er vergeving is.

9. ALS DE BRUIDEGOM WEG IS
Achtste zondag door het jaar

Lezingen: Hos 2; 16b. 17b. 21-22; 2Kor 3, 1b-6; Mc 2,18-22

De perikoop Mc 2,18-22 staat in het centrum van een reeks van vijf strijdgesprekken: over zondevergeving, eten met tollenaars en zondaars, het vasten, aren plukken en zieken genezen op de sabbat. De scenes staan als foto's in een album, zonder eenheid van tijd en plaats, naast elkaar.[20] Dit in tegenstelling tot de vorige afdeling, de dag in Kafarnaüm (nr. 5v). De beweging van de handelingen verloopt in tegengestelde richting. Daar ging Jezus van de synagoge naar het huis (1,21 en 29); hier is de gang van het huis (2,1) naar de synagoge (3,1). Deze beweging van de intimiteit van het huis naar de openbaarheid brengt ook een groeiend verzet met zich mee zoals we in de vorige inleiding hebben gezien. In het huis zitten schriftgeleerden onopvallend tussen de luisteraars (2,6); in 3,6 smeden de Farizeeën openlijk plannen om Jezus uit de weg te ruimen. Ofschoon de verhalen, zoals gezegd, los van elkaar staan, wil Marcus toch, dat ze in één ruk gelezen worden, want alleen in de eerste en tweede scène wordt de naam van Jezus genoemd. Zonder die twee stukjes zouden we niet eens weten, dat het hier, in 2,18-22, over Jezus gaat. Pas in 3,7 wordt Hij weer met name genoemd en daar begint duidelijk een nieuwe afdeling. Zoals alle belangrijke ontwikkelingen wordt ook deze gesitueerd aan het meer (3,7; vgl. 1,16; 2,13; 4,1).

Al bestaat 2,1-3,6 dus uit afzonderlijke stukjes, ze moeten wel in hun samenhang bekeken worden. Om de vergelijking van hierboven nog eens op te nemen: ook een film bestaat uit elkaar opvolgende losse beeldjes, maar die krijgen betekenis door de beweging die erin zit. De compositie is, zoals zo vaak bij Marcus, chiastisch. De buitenste twee en de twee binnenste taferelen corresponderen met elkaar. In de buitenste wordt een genezing vertelt die aanleiding geeft tot critiek, waarop een zelfverdediging van Jezus volgt. Het slot is tegengesteld. In 2,12b staat iedereen versteld, in 3,6 maken de tegenstanders moordplannen. De binnenste ring gaat over eten. Het woord 'eten' komt in beide perikopen tweemaal voor (v. 16 en 26). Maar in de eerste scene is er overvloed in de tweede gebrek. In beide spelen de leerlingen de hoofdrol (v. 16 en 23) in de buitenste ring ontbreken zij. Beide perikopen eindigen met een spreuk van Jezus. De eerste en de laatste twee stukjes hebben ook onderling verbindingen. De eerste hebben zondevergeving als thema, de laatste handelen over de sabbat. Het geheel is dus een kunstig opgebouwde diptiek, waarbij de perikoop van vandaag (18-22) een scharnierfunctie heeft.

De perikoop zelf bestaat uit drie onderdelen. V. 18-19a beschrijft de aanleiding tot de vraag aan Jezus. De leerlingen van Johannes de Doper (en van de Farizeeën) vasten, die van Jezus niet. De tegenstelling tussen Jezus en de Doper op dit punt treffen we ook elders aan (zie Lc 7,33v). Jezus antwoordt zoals gewoonlijk met een tegenvraag: 'Kunnen de bruiloftsgasten vasten zolang de bruidegom bij hen is?'

Letterlijk staat er 'de zonen van de bruiloftszaal', een semitisme voor 'bruiloftsgasten' (De vertaling van de KBS 'vrienden van de bruidegom' is beïnvloed door de Vulgaat die in Mt 9,15 en Lc 5,34 'zonen van de bruidegom' heeft). Inderdaad verliet de bruidegom aan het eind van het feest de zaal om naar zijn bruid te gaan die afzonderlijk feest vierde en dan was de bruiloft afgelopen. Zolang het nog feest is, moet je niet vasten, wil Jezus zeggen. De voorstelling van de messiaanse tijd als een bruilofsmaal was in Israël algemeen bekend. In 14,25 zegt Jezus, dat Hij geen wijn meer zal drinken tot de dag dat Hij hem opnieuw zal drinken in het Koninkrijk van God.

We slaan nu even de tussenliggende verzen 19b-20 over en bekijken eerst v. 21-22. Dit zijn twee spreuken van algemene strekking. Ze hebben als gemeenschappelijke trek de dynamiek van het Koninkrijk Gods, dat de oude kaders doorbreekt. Jezus is niet gekomen om een einde te maken aan de joodse religie en een nieuwe godsdienst te stichten. Dat mag zo langzamerhand als bekend verondersteld worden. Maar dat wil niet zeggen, dat Hij alles bij het oude wil laten. Er is veel binnen het Jodendom, dat verstard is. De praktijk leert echter, dat de oude kaders de innerlijke vernieuwing als bedreigend ervaren. Zo is het ook hier. Een nieuwe, ongekrompen lap is een bedreiging voor het oude kleed, waar geen rek meer inzit. De eerste de beste keer dat het gewassen wordt zal de lap krimpen en een nieuwe scheur veroorzaken. Zo kun je ook geen jonge, gistende wijn in oude, bros geworden zakken doen. Beide parabels zijn niet precies gelijk. In het eerste geval gaat het oude kleed verloren, in het tweede geval de nieuwe wijn (ook de oude zakken natuurlijk, maar dat is geen verlies). Lucas heeft beide beelden parallel getrokken: 'Niemand scheurt een lap van een nieuw kleed om daarmee een oud te verstellen' (Lc 5,36). In dit geval gaat het nieuwe kleed verloren net als de jonge wijn. Maar erg geslaagd is deze correctie niet, want niemand haalt het in zijn hoofd een nieuw kleed stuk te scheuren om er een lap van te nemen. De correctie is trouwens overbodig. Het punt van vergelijking is, zoals gezegd, de dynamiek van het nieuwe die een bedreiging vormt voor de oude kaders. Hoewel de strekking van deze uitspraak breder is dan de kwestie van het vasten, past zij er wel bij en zij slaat tevens op de andere delen waar Jezus eveneens met bestaande normen breekt.

Minder goed passen beide spreuken bij het middenstuk

(19b-20). Daar wordt immers gezegd, dat de leerlingen later wèl zullen vasten en dus tot de oude normen terug zullen keren. Bekijken we het stukje eerst eens wat nauwkeuriger. De bruiloft als beeld van het messiaanse rijk was, zoals gezegd, gangbaar. Maar 'bruidegom' was géén titel van de messias, dat is christelijk taalgebruik (2Kor 11,2). Het is dus niet waarschijnlijk, dat Jezus met de bruidegom in v. 19 zichzelf bedoeld heeft. De figuur is gewoon onderdeel van de beeldspraak. In v. 20 is de bruidegom echter wèl Christus. Een gewone bruidegom werd immers niet 'weggenomen'. Nu is het niet erg waarschijnlijk, dat Jezus zelf tegenover een vreemde opponent zijn dood voorspeld heeft. We hebben hier dus te maken met een christelijke inlassing, zoals ook de beide mensenzoon-woorden in v.10 en 28 ongetwijfeld van christelijke origine zijn. De christenen (of Marcus?) willen hiermee de latere christelijke vastenpraktijk verantwoorden. Jezus en zijn leerlingen hebben niet gevast. Dat klopt, maar dat was een uitzonderingsgeval. Toen was de Bruidegom nog onder ons. Nu bidden we om zijn komst en daarbij hoort het vasten.

Hoe die vastenpraktijk er uit zag, is een omstreden zaak. Het oudste getuigenis over het christelijke vasten lezen we in de Didache of 'Leer van de twaalf apostelen': 'Uw vasten moet niet in overeenstemming zijn met de schijnheiligen (de Farizeeën). Zij vasten immers op maandag en donderdag. U moet vasten op woensdag en vrijdag' (Did.8,1). Hier wordt evident stelling genomen tegen de joodse vastenpraktijk. Maar dit vasten was geen algemeen gebruik. Het was een speciale devotie van de Farizeeën zoals blijkt uit Lc 18,12: 'Ik vast tweemaal per week'. Dat hoeft de Farizeeër niet te vertellen als iedereen het doet. Daarnaast was er maar één algemeen verplichte vastendag, de Grote Verzoendag. Het lijkt mij niet onwaarschijnlijk, dat de christenen al heel vroeg de Goede Vrijdag, de nieuwde Grote Verzoendag (vgl. Hebr. 9), als vastendag hebben geïntroduceerd. Daarop wijst de eigenaardige constructie in v.20. In onze perikoop wordt zes maal het woord 'vasten' gebruikt en het staat steeds met nadruk aan het eind van de zin. Met één uitzondering: in v. 20 staat letterlijk: 'dan zullen ze vasten, op die dag'. Dit vloekt een beetje met het begin van het vers: 'Er zullen dagen (meervoud) komen... Lucas heeft dit gecorrigeerd door ook op het eind te schrijven 'in die dagen' (Lc 5,35). Maar met 'dagen' in het begin is zeker bedoeld: 'De *tijd* zal wel komen... en dan zullen ze vasten en wel op de *dag*, dat de bruidegom werd weggenomen'. Deze constructie wijst op een nadere precisering van een bestaande tekst.

Een tegenspraak met v. 21 v hoeft men daarin niet te zien. Deze jaarlijkse herdenking van Jezus' dood of beter nog een verlangend uitzien naar de wederkomst is iets anders als het plichtmatig vasten op bepaalde dagen van de week. Het nieuwe van Jezus' levenshouding was, dat Hij zich niet gebonden achtte aan overgeleverde praktijken. Hij aanvaardde het leven zoals het op Hem afkwam. Hij wist te genieten van een feestmaal als in 15-17, maar Hij kon ook met weinig genoegen nemen zoals in 23-26.

10. DE SABBAT IS GEMAAKT VOOR DE MENS
Negende zondag door het jaar

Lezingen: Deut 5,12-15; 2Kor 4,6-11; Mc 2,23-3,6

Voor de plaats van deze perikoop, of beter perikopen nl. 2,23-28 en 3,1-6, kunnen we verwijzen naar de vorige inleiding. Zij vormen het slot en tevens het hoogtepunt van een reeks van vijf strijdgesprekken. Gemeenschappelijk thema van beide stukjes is de sabbat. Het is niet waarschijnlijk, dat beide gebeurtenissen op dezelfde sabbat hebben plaats gevonden. Lucas begint daarom de tweede scene uitdrukkelijk met 'op een andere sabbat' (Lc 6,6). Een suggestie die de KBS-vertaling overneemt door *palin* (weer) te vertalen met 'op een andere keer' (3,1). Het is evenwel duidelijk, dat Marcus beide gebeurtenissen op één sabbat plaatst, want in v.1 vermeldt hij niet, dat het sabbat was (vgl. 1,21) en ook de opponenten (de Farizeeën) worden in v.2 niet met name genoemd. Hij wil dus, dat we de twee perikopen als een samenhangend geheel bekijken. De structuur van beide scenes is gelijk. De gebeurtenis die aanleiding is voor het gesprek, blijft verder op de achtergrond (van de zieke man horen we niets meer). In beide gevallen reageert Jezus met een tegenvraag. Verschil is, dat dat het in het eerste geval gaat om de leerlingen, die iets doen wat op de sabbat verboden is. Het was geoorloofd aren te plukken om zijn honger te stillen (Deut 23,25). Mt 12,1 zegt daarom ook, dat ze honger kregen. Maar op de sabbat was dit niet geoorloofd. Het gold als oogsten en dat was één van de 39 verboden werken.[21] Bovendien staat er bij Marcus alleen maar dat ze zich een weg banen door de overhangende halmen af te plukken. Het is meer een ondoordachte handeling zonder noodzaak. In de volgende scene is Jezus het handelend subject. Maar Hij doet helemaal niets. Hij geneest de man door een woord. De reactie is daartegenover ongewoon fel: men smeedt plannen om Hem uit de weg te ruimen. Uit deze nauwelijks verklaarbare reactie blijkt, dat het hier om een bredere problematiek gaat. We willen daarom de kwestie van de sabbat in een wat wijder perspectief plaatsen.

De beide scenes worden door alle drie de synoptici verteld. Lucas heeft daarnaast in zijn eigen stof nog twee genezingen op de sabbat (13,10-17 en 14,1-6). Johannes heeft eveneens twee breed uitgesponnen genezingen op de sabbat: de lamme van Bezeta (Joh 5) en de blindgeborene (Joh 9). Vooral in deze twee gevallen is het duidelijk, dat de latere traditie de genezing op de sabbat heeft geplaatst. In het geval van de lamme horen we pas na de genezing, dat het een sabbat was (Joh 5, 9b). In het geval van de blinde blijkt pas in 9,14, dat de genezing op sabbat plaats vond. Alle genezingen hebben bovendien dit gemeen, dat in geen van de gevallen echt sprake is van levensgevaar. In dat geval mocht men nl. op sabbat wèl hulp bieden. Maar als het niet dringend nodig was, moest men de hulp uitstellen tot na de sabbat, dus tot zonsondergang. Het is duidelijk, dat de man die achtendertig jaar ziek was (Joh 5,5), dolgelukkig zou zijn geweest als Jezus hem beloofd had: na zonsondergang help Ik je. De man met de verschrompelde hand in Mc 3,2 was zeker geen noodgeval. Het apokriefe evangelie van de Hebreeën probeert er een van te maken door de man te laten verklaren: 'Ik ben metselaar en moet met deze hand de kost verdienen. Als U mij niet helpt, verval ik tot de bedelstaf'. Maar het kan natuurlijk net zo goed omgekeerd geweest zijn, dat hij helemaal niet genezen wilde worden, omdat hij met die hand zo goed kon bedelen.[22]

Tegen deze achtergrond doet de wedervraag van Jezus bijna ridicuul aan: 'Is het geoorloofd op de sabbat goed te doen of kwaad te doen, een leven te redden of te doden?' Het is een typisch retorische vraag, waarop het antwoord tevoren al vaststaat.[23] Maar bovendien zijn hier alle proporties afwezig. Een verschrompelde hand genezen is toch wel iets anders als een leven redden! Natuurlijk is dit een toespeling op het slot van het verhaal: de Farizeeën besluiten Jezus te doden, omdat Hij leven schenkt. Maar dan nog! Bovendien is het gedrag van Jezus duidelijk provocerend. Hij gebiedt de man in het midden te komen staan, zodat allen hem kunnen zien, en zegt hem vervolgens: 'Steek je hand uit!'

Er is nog een ander feit, dat eigenaardig aandoet. Op overtreding van de sabbatwet stond de doodstraf. Num 15,32-36 vertelt van een man die op sabbat hout sprokkelde. Op Gods bevel wordt hij gestenigd. Ieder die op de sabbat werk verricht moet ter dood gebracht worden (Ex 31,14v; 35,2). Welnu, in het proces rond Jezus wordt met geen woord gerept over het breken van de sabbat! Dit kan verschillende redenen hebben. Het is bekend, dat de Romeinen weinig interesse hadden voor zuiver religieuze kwesties (vgl. Hand 25,18v). De sabbatsrust vonden zij zelfs een belachelijke aangelegenheid. De wijsgeer Seneca vindt, dat de Joden een zevende deel van hun leven 'verniksen'. Er bestond dus weinig kans, dat zij met de beschuldiging van de schending van de sabbat bij de bezetter enig succes zouden hebben. Het is bovendien zeer de vraag, of Jezus zich ooit formeel aan schending van de sabbat heeft schuldig gemaakt. In onze perikoop is dat niet het geval zoals we hebben gezien. In het eerste verhaal zijn het de leerlingen die in overtreding zijn en in het tweede is van 'werken' geen sprake. Wanneer joodse auteurs, als bv. een David Flusser, beweren, dat Jezus nooit aantoonbaar de wet heeft overtreden, dan konden ze dus wel eens gelijk hebben. Maar is daarmee de reactie van de Farizeeën in 3,6 onwaarschijnlijk?[24]

Op de eerste plaats moeten we vaststellen, dat de sabbat in de loop van de tijd een allesoverheersende plaats had ingenomen. Aanvankelijk was het een voorschrift van humanitaire aard zoals blijkt uit Ex 23,12: 'Zes dagen zult gij uw werk doen, maar op de zevende dag zult gij rusten, opdat uw rund en uw ezel uitrusten en de zoon van uw slavin en de vreemdeling adem scheppen'. Tijdens de ballingschap evenwel, toen Israël zich tussen vreemden bevond die dit gebruik niet kenden, werd het een distinctivum dat de Joden onderscheidde van de overige mensheid: 'Ik gaf hun de sabbat, die het teken zou zijn waaraan men kon zien dat Ik, de Heer, van hen een heilig (d.i. afgezonderd) volk maak... De sabbat moet u heilig zijn, hij moet het teken zijn waaraan men kan zien dat Ik de Heer uw God ben' (Ez

20,12.20). Nu is het een algemeen erkende sociologische wet, dat gebruiken die een groep van andere onderscheiden, daardoor een soort meerwaarde krijgen. Het priestercelibaat in de katholieke kerk is daar een sprekend voorbeeld van. De groep heeft het gevoel: wanneer wij ons aanpassen aan onze omgeving gaat onze identiteit verloren. De geschiedenis van het joodse volk heeft de juistheid van deze wet aangetoond. In landen waar geen vervolging was, zoals bv. in China, hebben de Joden zich aangepast en zijn ze op den duur in de autochtone bevolking opgegaan.

Het gaat hier dus om veel méér dan een wat ruimere interpretatie van de sabbatswet, die overigens ook de Joden kenden. Het beginsel 'De sabbat is er voor de mens en niet de mens voor de sabbat' was ook bij de Joden bekend. Rabbi Simeon ben Menasja (ca 180 n. Chr.) zegt: 'De sabbat is aan u gegeven en niet u aan de sabbat'. Maar dat wil alleen maar zeggen, dat in geval van levensgevaar het leven een groter goed is en dus de sabbat verdringt. Dreigt er geen levensgevaar, dan is de sabbat het grotere goed en moet de genezing uitgesteld worden. Bij Jezus heeft de uitspraak een veel bredere strekking: Wetten (alle wetten) zijn er voor het welzijn van de mens. Zijn ze zinloos geworden, dan moet men ze afschaffen. Rust na zes dagen hard werken is een groot goed, maar gedwongen rust is dodelijk. Dat leert de ervaring van mensen die tot niets doen gedoemd zijn. Door de mens zijn vrijheid terug te geven geeft Jezus hem inderdaad het leven terug.

Het is opmerkelijk, dat de opponenten volgens Marcus zwijgen op het radicale woord van Jezus maar in opstand komen als Hij iets doet. Ook dat is sociologisch juist gezien. Dergelijke wetten komen niet uit de hemel vallen (ook al wordt het later zo voorgesteld). Zij groeien uit de praktijk. Zo is het met allerlei wetten in de kerk eveneens gegaan. Na verloop van tijd wordt zo'n gebruik algemeen en vervolgens wordt het dan gecodificeerd. Raakt zo'n wet vervolgens overbodig of zinloos, dat kan men haar theoretisch aanvechten, maar dat zet weinig zoden aan de dijk. Wat uit de praktijk gegroeid is, kan ook alleen door de praktijk weer opgeheven worden. Dat hebben de tegenstanders van Jezus goed begrepen. Zijn daad was subversief en daarom moest Hij verdwijnen.

11. DE SCHEIDING DER GEESTEN
Tiende zondag door het jaar

Lezingen: Gen 3,9-15; 2Kor 4,13-5; Mc 3,20-35

De evangelie-perikoop van vandaag maakt deel uit van een kleine reeks, die men zou kunnen typeren met het hier gekozen opschrift: de scheiding der geesten (Mc 3, 7-34). In een voorafgaande reeks (1,40 - 3,6) is in verkort perspectief heel de loopbaan van Jezus samengevat. Reiniging van een melaatse, zondevergeving, maaltijd houden met zondaars, vasten of niet vasten, de sabbat: dat is de conflict-stof die uiteindelijk moet leiden tot zijn ondergang (3, 6). Terwijl dit drama bezig is zich te voltrekken, speelt zich in de harten van de tijdgenoten een soortgelijke strijd af, die bij een aantal van hen uitloopt op de totale breuk, de zonde tegen de heilige Geest (3, 29). Deze scheidslijn tussen vóór en tegen Jezus loopt dwars door alle menselijke verhoudingen heen. Wildvreemde mensen kiest Hij, en wildvreemde mensen verkiezen zelf om bij Hem te zijn (3, 13). Zijn eigen bloedverwanten verklaren Hem voor krankzinnig en proberen Hem vast te zetten (3, 21). Zo ontstaat een nieuwe broederschap die niet bepaald wordt door lichamelijke menselijke relaties, maar door het luisteren naar het woord; die niet uit de wil des mans, maar uit God geboren is (vgl. 3, 31-35). De hierna volgende parabels illustreren dit.

Menig kerkganger zal bij het horen van deze perikoop geschokt zijn. De meesten zullen nog nooit van de broeders van Jezus gehoord hebben, laat staan dat ze iets weten van de spanningen tussen Jezus en zijn familie. En nu krijgen ze te horen, dat de familieleden er op uittrekken om Hem te halen, want ze zijn tot de overtuiging gekomen, dat Hij niet goed bij zijn hoofd is. En de situatie wordt alleen maar pijnlijker, wanneer we de redactie van Marcus wat nader bekijken. Het is duidelijk, dat de in v. 21 genoemde verwanten identiek zijn met de moeder en de broeders van v. 31-35. De KBS-vertaling tracht deze identificatie te vermijden door in v. 31 het woordje 'eens' in te voegen, daarmee suggererend, dat het om een afzonderlijk feit gaat. Ten onrechte lijkt mij. Beide stukjes, 20-21 en 31-35 horen bij elkaar. Marcus past hier de voor hem typische sandwich-techniek toe[25]. De familie gaat van huis, omdat ze horen, dat het met Jezus zozeer uit de hand loopt, dat Hij zelfs geen kans krijgt om te eten. De tijd dat ze onderweg zijn vult Marcus op met het twistgesprek tussen Jezus en de schriftgeleerden, dat omlijst wordt door de vv. 22 en 30. Als de familie aankomt, blijken de geruchten op waarheid te berusten. Ze kunnen niet eens het huis (van Petrus) binnen zoveel volk zit er om Hem heen (v. 34).

Beide delen van het verhaal omsluiten dus het bericht over de schermutseling van Jezus met de schriftgeleerden. En hier zit het pijnlijke van deze redactionele ingreep van Marcus. Door deze ingreep geeft hij immers te kennen, dat het niet bij zijn hoofd zijn van v. 21 voor hem hetzelfde is als door de duivel bezeten zijn. En daarmee slaat het tussenstuk over de zonden tegen de heilige Geest minstens ook op de familieleden. Dat deze conclusie onontkoombaar is blijkt uit een vergelijking met het parallelverhaal in Lc 11,14-23 (de versie van Matteüs laten we even buiten beschouwing). Daar is de aanleiding tot het dispuut een duiveluitdrijving. Zoals gewoonlijk staat de menigte verbaasd over de macht van Jezus over de boze geesten. En daarop sluit dan de opmerking van de schriftgeleerden goed aan, dat Hij door de vorst der duivels de duivels uitdrijft. Dat klinkt veel natuurlijker en een aantal exegeten beschouwt deze versie dan ook als de meest oorspronkelijke[26]. Bij Lucas volgt na deze discussie ook wel een zekere afwijzing van de familiebetrekkingen, maar die klinkt veel milder: 'Veeleer gelukkig die naar het woord Gods luisteren en het onderhouden' (Lc 11,28; vgl. Mc v. 35). De aanleiding is daar ook veel vriendelijker nl. de lofprijzing van de moeder van Jezus door een vrouw uit de menigte. Er valt m.i. aan de bedoeling van Marcus niet te twijfelen. In het korte stukje v. 31-35 worden niet minder dan vijf keer de moeder en de broeders genoemd en de laatste keer staat de moeder met nadruk aan het eind. Dat de oude kerk de passage inderdaad als pijnlijk heeft ondervonden blijkt uit een oud handschrift, dat 'verwanten' (letterlijk 'die om Hem') in v. 21 heeft vervangen door 'de schriftgeleerden en de overigen om Hem'.

Een vergelijking met Mt 12,22-37 bevestigt deze interpretatie. Bij Matteüs is de aanleiding tot de woorden over de 'zonden tegen de heilige Geest' de bekende uitspraak van Jezus: 'Als ik door de Geest Gods de duivels uitdrijf, dan is inderdaad het Rijk Gods tot u gekomen' (Mt 12,28). Hierop sluit de opmerking over de zonden tegen de heilige Geest goed aan. Deze zonde bestaat immers daarin, dat men bewust de waarheid loochent. Marcus laat dit woord van Jezus weg. Het is begrijpelijk, dat zijn theologie over het messiasgeheim (zie nr. 7) hem niet toestaat te zeggen, dat het Rijk Gods zich aan de schriftgeleerden manifesteert. Maar door deze ingreep komt wel heel het odium willens nillens op de familie te liggen.

Op het eerste gezicht een niet al te verkwikkelijke situatie, die begrijpelijkerwijze de eerste christenen moeilijkheden bezorgde. De zaak wordt echter veel duidelijker, wanneer men de achtergrond erbij betrekt. Die achtergronden levert Mc 1,40-3,6. Beschouwt men de daar vermelde conflict-stof nog eens nauwkeurig, dan ziet men dat het hier om allerlei uiterlijke wetten gaat: melaatsen en lammen zijn door God getekenden, die men daarom mijden moet; vasten en sabbatsrust zijn nog meer dan de reinigingswetten religieuze gebruiken, die de religieuze groep kenbaar maken en dus tegelijk afscheiden van de niet-gelovige rest. Nu is het een bekend feit, dat dit soort religieuze wetten, die een distinctief van de groep zijn, altijd een soort meerwaarde krijgen (zie nr. 10). Het moet voor de eenvoudige familieleden van Jezus dus erg schokkend geweest zijn te vernemen, dat Hij juist deze taboes verbrak. Dat kon alleen het werk van de Boze zijn. Misschien voelen ze ook aankomen, dat Hij op deze manier onherroepelijk in conflict zal komen met de religieuze leiders (Mc 3,6), en willen ze Hem tegen zichzelf in bescherming nemen.

Het zou mij niet verbazen, als deze tegenstelling tussen Jezus en zijn familie, die door de redactionele ingreep van Marcus zulke pijnlijke afmetingen heeft gekregen, vooral op Petrus teruggaat. Het nieuwe thuis van Jezus (vgl. v. 20), was het huis van Petrus in Kafarnaüm en niet het ongelovige Nazaret (zie nr. 15). Dat zal men Petrus niet in dank afgenomen hebben. Maar vooral in de eerste gemeente van Jeruzalem kunnen we een duidelijke spanning constateren tussen Petrus en Jakobus, de broeder van Jezus, die daar de leiding van de kerk had gekregen. Toen Petrus vrijkwam uit de gevangenis ging hij niet naar Jakobus maar naar het huis van Maria, de moeder van Marcus (Hand 12,12). In Gal 2,12 staat de naam van Jakobus vóór die van Petrus, waaruit blijkt, dat deze intussen het veld had moeten ruimen. In het begin van deze passage (Gal 2,6) schrijft Paulus: 'wie van hen de belangrijkste is, interesseert mij niet, God kent geen gunstelingen'. Anders gezegd: 'dat zoeken ze daar zelf maar uit'. Even later vertelt hij met verontwaardiging, dat Petrus voor Jakobus door de knieën ging in de kwestie van de spijswetten (Gal 2,12). En aangezien Marcus, zoals we al vaker opgemerkt hebben de vriend en vertrouweling van Petrus was, deelde hij waarschijnlijk in die antipathie tegen de familie. Petrus kon het blijkbaar niet goed zetten, dat de broeders die Jezus eerst op alle mogelijke manieren hadden tegengewerkt, nu de leiding kregen in de kerk. Al met al weinig verheffende preekstof, zal men zeggen. Het ging hier om de erfenis van Jezus en dat daar ruzie over ontstaat, dat komt in de beste families voor, ook in de familia Dei.

12. DE LEVENSBOOM
Elfde zondag door het jaar

Lezingen: Ez 17,22-24; 2Kor 5,6-10; Mc 4,26-34

Preken over een parabel is een moeilijke zaak. Een parabel of vergelijking gebruiken we om iets uit te leggen wat niet duidelijk is. We grijpen naar een voorbeeld uit het leven dat wel bekend is, om aan de hand daarvan het onbekende te verduidelijken. Een parabel uitleggen is dus eigenlijk de zaak op z'n kop zetten.

Wanneer de eerste christengeneraties van de parabels allegorieën hebben gemaakt, dan was het voor een deel, omdat de prediker zijn bestaansrecht moest bewijzen. Want in een allegorie zat voor hem wel brood. De functie van de allegorie is immers precies het omgekeerde van die van de parabel. Juist als bij een cryptogram wordt hier het bekende op een verhulde manier meegedeeld. Wanneer men iets moet gaan vertellen wat eigenlijk bij alle toehoorders reeds bekend is, dan neemt men dit middel te baat om de aandacht te boeien. Doel is dan de ontdekkingsvreugde, het 'Aha-Erlebnis' van de toehoorder, vergelijkbaar met het plezier van de puzzelaar die een moeilijk woordje gevonden heeft.

De beschouwing die Marcus aan de parabels vooraf laat gaan (4, 9-20), is te zien als een zelfverdediging van de allegoriserende prediker, die in de verzen 13-20 een staaltje van zijn kunnen weggeeft. De parabel van de zaaier is voor de toehoorders zonder meer duidelijk geweest. Men gebruikt een vergelijking immers altijd als sluitstuk van een redering, als de klap op de vuurpijl in een bepaalde situatie (het klassieke voorbeeld blijft de parabel van de profeet Nathan in 2Sam 12, 1-4). De predikant heeft echter van dit voor zichzelf sprekende verhaal een soort geheimleer gemaakt: 'Aan u is het geheim van het Rijk Gods gegeven' (11). Deze mysterie-taal is alleen bestemd voor de ingewijden. Daarom zegt de evangelist ook 'Toen Hij alleen was' (10), ofschoon dit in de gegeven situatie onmogelijk is (vgl. vers 1) en er na de uitleg nog diverse parabels volgen die bestemd zijn voor de niet-ingewijden (vgl. vers 33). Zo wordt de parabel een illustratie van wat zich feitelijk rondom Jezus afspeelt: de scheiding der geesten, waarover in 3,7-35 gesproken is. Allen horen dezelfde woorden, maar voor sommigen betekenen die woorden heil en vergeving, voor anderen verharding in het ongeloof (4,12). En zo werkt het woord nog steeds, of het nu woord van de Schrift is of het woord van de predikant. Alle parabels rond het thema van het zaad spelen met deze gedachte.

In de parabel van de zaaier beluisteren we het grond-motief: de zaaier kan slechts afwachten. Als hij ongeduldig wordt en de eerste week al gaat kijken wat er van terechtgekomen is, zal hem dat alleen maar teleurstellingen opleveren. Het eerste groen is even snel verdord als het opgeschoten was. En zo gaat het ook in de volgende weken. Pas op het einde blijkt, dat het zaad toch vruchtbaar was, en hoe!

De parabel van het onkruid (Mt 13,36-43), overigens ook een sterk voorbeeld van allegorisering, wijst eveneens het ongeduld van de mens af. In zijn haast om het onkruid uit te roeien, loopt hij groot gevaar ook het goede koren mee uit te trekken. Ook hier weer dezelfde gedachte: pas vanuit het einde, vanuit de dood, kunnen we oordelen over het leven. Maar dat geldt niet alleen voor het leven van een mens!

De overige twee parabels over het zaad krijgen we vandaag te horen. De tweede is de kerkganger nog wel bekend: ze wordt in de versie van Matteus voorgelezen op de zestiende zondag (Mt 13,31 v). De predikant zal dus liever uitgaan van de eerste, die voor een niet al te bijbelvaste toehoorder de bekoring heeft van het nieuwe. Maar juist deze parabel verzet zich met zo mogelijk nog grotere weerbarstigheid tegen een homiletische aanpak. De kern-gedachte ligt in het modern aandoende woord van vers 28: automatisch (automatè) brengt de aarde vruchten voort. Het is als met de Droste-verpleegster op het cacao-busje: de inhoud van de zichzelf interpreterende parabel is de vanzelfsprekendheid van het woord, dat zijn weg gaat onafhankelik van de mens die het spreekt. Hier zal de prediker het wel laten om te allegoriseren! Dat zou betekenen, dat hij de mensen maar rustig moet laten slapen (vers 27).

Wie een gevoelig oor heeft voor de taal van zijn tijd, wie de ontwikkeling van het geestesleven met interesse volgt, wordt telkens weer getroffen door het merkwaardig feit, dat bepaalde ideeën ineens overal doorbreken. Ze zitten in de lucht, zeggen we dan. Het heeft inderdaad iets van een virus, van een besmetting. De grote geesten van een bepaalde tijd zijn eigenlijk mensen, die exponent zijn van die algemene menselijke intuïtie. Zij vertolken, verwoorden, wat onuitgesproken leeft in de mensheid, respectievelijk in een geloofsgemeenschap. De grootste ketterij van onze tijd is de idee, dat men aan die groei iets kan doen of zelfs moet doen[27].

Het is een vaker voorkomend verschijnsel, dat ketterijen die zich vroeger met het doen van de mens bezighielden, nu in onze dagen terugkeren en het denken van de mens aantasten. Het Pelagianisme stelde, dat je alleen maar hoefde te willen, om een goed mens te zijn; genade kan hoogstens zoiets zijn als een voorbeeld, dat mij leert waarin dat goed-zijn bestaat. Het Neo-Pelagianisme schijnt te leren, dat de waarheid (of wat men daarvoor houdt) maar verkondigd hoeft te worden en dat iedere goedwillende mens haar dan wel aanneemt. Maar in feite is de gang van zaken omgekeerd: in de mensheid zelf rijpt de vrucht van de waarheid. Wat denkers en theologen doen, is de sikkel er inslaan, wanneer het tijd is voor de oogst. En voor de vrucht hoeft men dan niet bang te zijn: een goede boom kan geen slechte vruchten voortbrengen.

Tegen de achtergrond van de genoemde parabels van het zaad moeten we ook de gelijkenis van het mosterdzaadje plaatsen. De nadruk ligt dan niet op de machtige struik die er uit groeit, zoals een triomfalistische kerk maar al te gemakkelijk kon denken, doch op de onmacht van de mens om het Rijk Gods op te bouwen. Met het Rijk Gods is in ieder geval niet het kerk-instituut bedoeld, maar liefde en gerechtigheid, vrede en vrijheid. Wie 'liefde' zegt, zegt passiviteit, want liefde dwingt niet en laat zich niet dwingen. Wie gerechtig wil leven, is machteloos uitgeleverd aan de ongerechtigheid. Ware vrede is niet te verzekeren met wapens, want die zijn er om gebruikt te worden, dat is nog altijd zo geweest. Wie aan de ander werkelijk zijn vrijheid gunt, riskeert, dat deze die vrijheid misbruikt... En toch is dit machteloze kleine zaadje de eigenlijke kracht, die deze wereld kan herscheppen tot een huis voor alle mensen, zoals de profeet Ezechiël het voorzien heeft. Het is het nietige kleine twijgje, een dorre tak zelfs, die door God voorbestemd is om 'allerhande vogels van allerlei pluimage te laten wonen in de schaduw van zijn takken'.

In een wereld die uit angst voor de toekomst tot fatalisme dreigt te vervallen, moet de christen blijven geloven in de dynamiek, de innerlijke veerkracht van de mens. En hij kan dat, omdat hij gelooft in de kracht van de Geest die in hem woont. Deze Geest, die ooit Jezus opwekte uit de doden, is als een zaad in hem dat onvermoede vruchten kan dragen:

Als een boom is hij, wortelend waar water stroomt,
die vrucht draagt in het seizoen;
zijn gebladerte zal niet verdorren,
Tot ontplooiing komt al wat hij doet (Ps 1,3).

13. REDDING UIT HET WATER
Twaalfde zondag door het jaar

Lezingen: Job 38,1.8-11; 2Kor 5,14-17; Mc 4,35-41

De perikoop Mc 4,35-41 over de storm op het meer maakt deel uit van een wonder-trilogie, die in stijgende lijn Jezus' macht demonstreert: over de storm, over het legioen duivels (5,1-20), ja, zelfs over de dood(5,21-43). Ze ademen een heel andere sfeer dan de voorafgaande reeks (2,1-3,6), waar de genezingen alleen maar aanleiding zijn voor het dispuut. Ze zijn ook veel. uitvoeriger dan de eerste reeks 1,21-45. Hier is de christelijke verteller aan het woord; of andersgezegd: hier gaat het om het verhaal zelf. De details verwijzen duidelijk naar een ooggetuige, Petrus, die zich allerlei bijzonderheden zoals het kussen op de achtersteven (v. 38) nog exact herinnert. (Matteüs en Lucas laten dit detail weg, omdat ze net tevoren verteld hebben, dat de Mensenzoon niets heeft om zijn hoofd op te laten rusten). Door hun bijna laconieke toon leveren die details de exegese nogal wat moeilijkheden op. Met name v. 36 is een crux. In de KBS-vertaling luidt dit vers: 'Zij... namen Hem mee zoals Hij daar in de boot zat; andere boten begeleidden Hem'. Wat moeten die andere boten waar we verder niets meer van horen? En wat betekent 'zoals Hij daar in de boot zat'? De letterlijke vertaling luidt: 'Ze nemen Hem mee zoals Hij was in de boot en andere boten waren bij Hem'. Ik denk, dat we hier het woordje *hós* niet moeten vertalen met 'zoals' maar met 'omdat'. Iets dergelijks hebben we in het 'Onze Vader', waar hetzelfde woordje staat. We vertalen daar: 'Vergeef ons onze schuld *zoals* ook wij vergeven hebben' (Mt 6,12). Maar de betekenis is: *omdat* we vergeven hebben, zoals duidelijk blijkt uit de versie van Lucas: 'want ook wij zelf vergeven aan ieder die ons iets schuldig is' (Lc 11,4). De vertaling van v.38 luidt dan: 'Ze namen Hem mee in de boot, omdat Hij daar nu eenmaal zat. Er waren nl. nog andere boten in de buurt'. Eigenlijk had Hij daar beter in kunnen stappen, want het bootje was te vol zoals later bleek. Maar Hij zat er nu eenmaal (vgl. 4,1). Dit verklaart ook waarom Hij op een kussen moest liggen: op de roeibank was geen plaats meer.

Eigenlijk zou de voorlezer het verhaal even spannend moeten maken als Petrus gedaan heeft. Maar dat lukt niet, omdat de kerkgangers het verhaal uitentreuren gehoord hebben. Gabriël Smit zei eens in een lezing: 'Als ik de pastoor met al dat pathos door roepen 'Heer, red ons, wij vergaan', dan denk ik altijd bij mezelf: Maak je niet zo druk, man, dat komt best in orde. Dat weet ik nog wel van vorig jaar'. (Indertijd werd Mt 8,23-27 jaarlijks voorgelezen op de vierde zondag na Driekoningen). We kunnen die spanning alleen ondergaan, wanneer de geschiedenis ons eigen verhaal is geworden. De psychoanalytische lezing probeert het verhaal op deze manier nieuw leven in te blazen. Zij probeert het te lezen als verwoording van een menselijke bestaanservaring of levenshouding. Maar de interpreet moet dan niet zijn eigen gevoelens verbergen achter de persoon van de evangelist zoals meestal gebeurt! De psychoanalytica Dominique Stein noemt dat zonder omhaal van woorden methodologische verlakkerij.[28]

Een voorbeeld van psychoanalytische lezing van onze perikoop vinden we bij Arnold Uleyn.[29] Hij ziet in het verhaal een geval van infantiel narcisme. In de fantasiewereld van een kind (en van een kind gebleven volwassene) is alles mogelijk; het kind kan alles, zelfs over het water lopen (vgl. 6,48). Het onbegrip van de leerlingen, dat ook in dit verhaal een rol speelt (v.40), is het retrospectieve verhaal van een rouwproces. M.a.w. de leerlingen dachten juist wèl, dat Jezus alles kon. Hier proberen ze met dit primair-narcistische gevoel klaar te komen. Ik weet niet of deze analyse juist is. Ik geloof eerlijk gezegd niet, dat een zo beknopt verhaal zich leent voor een analyse. Maar ik kan evenmin aannemen, dat Uleyn bij zich zelf infantiel narcisme constateert.

Veiliger lijkt mij de weg die Matteüs ons wijst. Uit een vergelijking van zijn versie met die van Marcus blijkt, dat hij het verhaal kerkelijk interpreteert.[30] Hij plaatst het na een aantal spreuken over de navolging (Mt 8,18-22) en gaat dan verder: 'zijn leerlingen volgden Hem in de boot'. De storm is bij hem een soort zeebeving (seismos), een woord dat aan eschatologische rampen doet denken (Mc 13,8par; Mt 27,54; 28,2). De rabbi van Marcus wordt de Kyrios, zoals in het gebed van de kerk. Het verwijt van ongeloof (kleingelovigheid bij Matteüs) staat vóór het wonder: de kerk van Matteüs maakt geen wonderen meer mee en moet toch geloven.

Wat zou nu het gevoel van Petrus geweest zijn, wanneer hij het verhaal vertelde? We moeten bedenken, dat dit de eerste keer is dat Jezus zich naar het Overjordaanse begeeft. Dat was een heidens gebied getuige de aanwezigheid van een kudde varkens (5,11). In Israël hield men geen varkens, want die waren onrein. Dit was het gebied van de onreine geesten. Dit alles doet denken aan Hand 10, waar Petrus de opdracht krijgt naar de heidenen te gaan. Dit gebeurt in een visioen, waarbij hij de opdracht krijgt allerlei onreine dieren te eten. Wanneer hij dat weigert klinkt een stem: 'Beschouw niet als onheilig, wat God rein heeft gemaakt' (Hand 10,15.28;11,9). Als mijn interpretatie juist is, symboliseert dit verhaal de angst van de mens voor het vreemde, voor de onbekende toekomst.

Die vervreemding wordt in onze dagen niet meer zozeer veroorzaakt door geheimzinnige krachten en verschijnselen, als wel door vragen rond het bestaan zelf: waar kom ik vandaan, waar ga ik heen, waarom ben ik zo? In plaats van de geesten zijn de horoscopen gekomen, maar verder is er weinig veranderd. De taak van de kerk ligt tegenwoordig ook niet meer zozeer op het terrein van sociale en medische zorg (al zijn er ook op dit terrein nog heel wat witte vlekken, die voor de wetenschap ontoegankelijk zijn en waar de kerk voorlopig nog een aanvullende taak heeft). De eigenlijke taak van de kerk ligt meer op het gebied van de zijnsvragen. En deze vragen doemen juist dan op, wanneer een mens bevrijd is van de zorg voor het dagelijks brood, voor zijn gezondheid, enz.

Maar om anderen te kunnen bevrijden, moet men zelf vrij zijn. Zolang een kerk zich nog angstig afsluit voor alles wat nieuw en dus vreemd is, en zolang zij andere confessies behandelt als de vreemde voor wie men bang is en vensters en deuren sluit, zolang zal zij nooit in staat blijken de vervreemde mens te verlossen van zijn bestaansangst, van zijn existentiële onzekerheid.

Niemand zal ontkennen, dat de kerk moeilijke dagen doormaakt, en dat de golven soms erg hoog zijn rond de barkas van de grote Visser. Wat men hem echter (terecht, dacht ik) verwijt, is zijn kleinmoedigheid. Er is nog een verhaal over een storm op het meer (Mc 6,45-52 = Mt 14,22-33). Het merkwaardige is, dat daar in de versie van Matteüs een bijzonderheid staat, die we bij Marcus missen. Petrus stapt uit de boot en loopt over het water naar Jezus toe. Maar als hij bemerkt, hoe hevig de wind is, wordt hij bang. Hij begint te zinken en roept dan precies hetzelfde als in het verhaal van vandaag: 'Heer, red mij !' En het verwijt van Jezus is eveneens gelijk: 'Kleingelovige, waarom heb je getwijfeld ?' Het is inderdaad ook niet gering, de opvolger te worden genoemd van Hem die de Verlosser, d.i. Bevrijder der wereld is. Zich op een gegeven moment vrij maken is niet zo moeilijk. Vrij zijn dat is de kunst.

14. VAN DE DOOD NAAR HET LEVEN
Dertiende zondag door het jaar

Lezingen: Wijsh 1,13-15 en 2,23-25; 2Kor 8,7.9.13-15; Mc 5,21-43 (of 21-24.35b-43)

Volgens Augustinus was Marcus de *breviator,* de 'afkorter' van Matteüs. Deze toen algemeen verbreide opvatting is er mede de oorzaak van geweest, dat het evangelie van Marcus in de oudheid nauwelijks bekendheid genoot. Intussen is het omgekeerde waar. Natuurlijk is Matteüs als geheel groter dan Marcus, maar dat komt door het kindsheid-evangelie en de redevoeringen van Matteüs. De afzonderlijke verhalen zijn bij Marcus uitvoeriger en ook veel levendiger. Dat blijkt uit de perikoop van vandaag. Het verhaal van Matteüs heeft duidelijk geleden onder het onvermijdelijke afslijtingsproces, waaraan het is blootgesteld geweest. De naam Jaïrus is vergeten. De uitvoerige beschrijving van de kwaal waaraan de vrouw leed en wat ze van de dokters te lijden had gehad, de beschrijving van de opwekking van het gestorven dochtertje: dat alles is mettertijd verdwenen.

Er zit in de verkorting ook duidelijk een theologische tendens. Volgens Marcus raakt de vrouw Jezus aan zonder dat Hij het weet. Hij voelt alleen een genezende kracht van zich uitgaan, en daarom vraagt Hij wie Hem aangeraakt heeft. Bij Matteüs raakt de vrouw eerbiedig de zoom van zijn kleed aan om de aandacht te trekken; het is meer een heel bescheiden vraag. Daarop keert Jezus zich om, en zonder te vragen wat zij wil, zegt Hij: 'Schep moed, dochter, uw geloof heeft u genezen!' En pas vanaf dat ogenblik is zij gezond. Daarom is ook de menigte die aan alle kanten opdringt en de vrouw in staat stelt Jezus ongemerkt aan te raken (Mc 5,24), vervangen door de leerlingenkring. De reden voor deze verandering is duidelijk: het is voor de latere christenen een onverteerbare zaak, dat Jezus geneest zonder het zelf te weten.

Om dezelfde reden laat Matteüs nog een tweede detail weg. Terwijl Jezus nog onderweg is, komen boden vertellen dat het dochtertje van Jaïrus intussen is gestorven. Jezus hoort die woorden en reageert er op. Ook dat kan de jonge kerk moeilijk verwerken: de alwetende Zoon van God weet dit toch immers al! Daarom schrapt Matteüs dit eveneens en dus moet hij reeds aan het begin van zijn verhaal de man laten vertellen, dat zijn dochter zojuist gestorven is.

Maar de vraag van de vader: 'Kom haar de hand opleggen, dan zal zij weer levend worden' overschrijdt de grenzen van het geloof in Jezus' tijd. Nergens anders vráágt men Hem een dode op te wekken. Dat kan pas, wanneer Hijzelf de dood overwonnen heeft. Ook hier heeft de christelijke overtuiging een ontwikkeling doorgemaakt. Het dochtertje van Jaïrus ligt op sterven; de jongeling van Naïm wordt reeds naar zijn laatste rustplaats gedragen (Lc 7,11-17); Lazarus is al vier dagen dood (Joh 11,17.39). Ook hier is niet het historische feit het belangrijkste, want alle drie zijn ze, hoe dan ook, opnieuw gestorven. De dood werd daarmee niet overwonnen. Waar het om gaat, is dit: 'Wie in Mij gelooft, zal leven, ook al is hij gestorven, en ieder die leeft in geloof aan Mij, zal in eeuwigheid niet sterven' (Joh 11,25-26).

De liturgische perikopenindeling laat de mogelijkheid open de passage over de vrouw met de bloedvloeiing (25-35a) weg te laten. Daarbij speelt zeker de overweging mee, dat de lezing anders wat lang uitvalt. Men zou zich overigens bij uitzondering ook eens tot twee of zelfs één lezing kunnen beperken. De eerste en de derde lezing zijn nl. erg verbrokkeld. De al meer genoemde sandwich-techniek hoort weliswaar tot de verteltechniek van Marcus. Hier verklaart het oponthoud onderweg, waarom Jezus te laat komt. Maar dat sluit niet uit, dat beide verhalen ook een innerlijke samenhang hebben (zie nr. 11). De vrouw met de bloedvloeiing is niet alleen ziek, ze is ook levitisch onrein (Lev 15,25). En dat betekent, dat alles wat ze aanraakt ook onrein wordt. Jezus is dus door haar aanraking onrein geworden (wat de overste van de synagoge ongetwijfeld voor een pijnlijk probleem heeft geplaatst). Onreinheid is nu eenmaal besmettelijk. Het tast de ander aan zonder dat hij het weet. Maar hier gebeurt het omgekeerde. Jezus is de bron van het leven. De aanraking van de vrouw maakt niet Hem onrein en daardoor dood voor zijn omgeving (zie nr. 7) maar maakt de vrouw gezond zonder dat Hij er weet van heeft.

Hiermee heeft Jezus in feite de geschiedenis omgekeerd. Bloed gold in de godsdienst van de buurvolken als zetel van het leven en daarvoor als iets heiligs. Het nam in hun cultus een belangrijke plaats in.[31] Als reactie werd aan de Israëlieten het gebruik van bloed in iedere vorm ten strengste verboden. De afkeer van bloed was zo groot, dat de christenen afkomstig uit het heidendom gevraagd werd zich van bloed te onthouden omdat anders de omgang tussen heiden- en jodenchristenen onmogelijk was (vgl. Hand 15,20.29). Zo werd het heilige gedemoniseerd, het leven tot iets dodelijks gemaakt. Uiteraard werd hierdoor vooral de vrouw getroffen. Door menstruatie en bevalling werd zij onaanraakbaar. De bron van het leven werd bron van zonde en dood. Jezus heeft dit proces teruggedraaid. Hij wordt door de aanraking van de 'dode' vrouw niet onrein. Integendeel, al wat Hij aanraakt wordt levend, zelfs het dode meisje.

Volgens een plausibele exegese had Jezus gelijk toen Hij beweerde, dat het kind sliep. Het meisje was twaalf jaar, zegt het evangelie. Dat was in het Oosten de leeftijd waarop een meisje haar eerste bloeding had en daarmee huwbaar werd. Meestal werd zij dan al spoedig uitgehuwelijkt. Dit vooruitzicht plus de eerste lichamelijke ervaring kan in het lichaam van zo'n kind gemakkelijk een soort verlamming teweegbrengen. Het lichaam weigert dan spontaan de feiten te aanvaarden en de persoon geraakt in een toestand van coma. De aanraking van Jezus en zijn vriendelijke woorden hebben haar dan uit de verstarring teruggeroepen en weer levend gemaakt.

De bedoeling van het bovenstaande is niet, de wonderen uit het leven van Jezus natuurlijk te verklaren. Hij moet over zeer ongewone krachten beschikt hebben, anders waren deze verhalen niet ontstaan. Maar de eerlijkheid gebiedt ons ook te erkennen, dat er een duidelijke groei zit in de verhalen. En dat moet voor ons weer een aanwijzing zijn om de eigenlijke portée van deze geschiedenis niet over het hoofd te zien. De dood is en blijft een raadsel, ook voor de christen. Het geloof in een voortbestaan over de dood heen mag niet steunen op enkele verhalen over doden die opgewekt en daarna weer gestorven zijn. Deze verhalen zijn niet het fundament, maar de vrucht van dit geloof. Fundament is veel meer ons geloof in de levende God, de God die liefde is. En liefde is sterker dan de dood. 'Uw geloof heeft u bevrijd: ga in vrede! Wees niet bang, maar blijf geloven.' Dat zijn de kern-woorden van het evangelie.

15. 'GIJ ZULT GEEN BEELDEN MAKEN'
Veertiende zondag door het jaar

Lezingen: Ez 2,2-5; 2Kor 12,7-10; Mc 6,1-6

De perikoop van deze zondag sluit onmiddellijk aan bij de lezing van vorige week. Dat wil evenwel niet zeggen, dat het 'vandaar' in v.1 letterlijk te nemen is. Waar Jaïrus woonde krijgen we niet te horen, maar volgens 5,21 bevond Jezus zich aan de oever van het meer van Genesaret, toen de overste van de synagoge bij Hem kwam. Vandaar naar Nazaret was zo'n 40 kilometer. De samenhang is meer theologisch van aard. Het verhaal sluit de periode van het preken in de synagogen van Galilea af. In 1,9 zien we Jezus Nazaret verlaten om zijn zending te beginnen. Vandaag keert Hij in zijn vaderstad terug. In 3,20v en het daarop aansluitende 3,31-35 zien we de afwijzende reactie van zijn moeder en zijn broeders, die erop uit trekken om Hem mee naar huis te nemen, omdat Hij de familie in opspraak brengt (zie nr. 11). Jezus antwoordt daarop, dat zijn volgelingen voortaan de plaats innemen van zijn moeder, broeders en zusters (3,35). Dezelfde tegenstelling treffen we aan in de perikoop van vandaag: de leerlingen die Hem volgen (v.l: niet alleen 'meegaan' zoals KBS vertaalt!) staan tegenover de verwanten, die Hem afwijzen. Als contrast staat in 3,13-19 de roeping van de twaalf en in 6,7-13 hun zending.

De gevangenneming van Johannes de Doper en zijn dood omlijsten de activiteit van Jezus (1,14 en 6,14-29). Volgens het evangelie van Johannes doopte Johannes nog, terwijl Jezus zijn prediking al begonnen was. De evangelist verzekert met nadruk: 'Johannes was namelijk nog niet in de gevangenis geworpen' (Joh 3,24). Ook hieruit blijkt, dat de compositie van Marcus meer theologisch bepaald is. Lucas gaat zelfs nog een stapje verder: hij vertelt in Lc 3,18-20 de gevangenneming van de Doper nog voordat hij de doop van Jezus verhaalt.

Bekijken we de perikoop zelf nu wat preciser. Jezus gaat naar zijn vaderstad (patris). Hoewel dit woord ongetwijfeld gekozen is met het oog op het spreekwoord in v.4, lijkt het me toch terecht, dat men hier vader-stad vertaalt, ofschoon Nazaret maar een klein dorp was (vgl. Joh 1,46). Aan het eind van de perikoop (v. 6b hoort er duidelijk nog bij), lezen we dat Jezus zich naar de *dorpen* in de omtrek begeeft.

Jezus is, anders dan bv. Paulus, duidelijk geen stadsmens. Een uurtje lopen van Nazaret vandaan lag de belangrijke stad Sepphoris, maar die naam kom je in het evangelie niet tegen. In de steden woonden toendertijd de grootgrondbezitters, die alleen maar verachting koesterden voor de *am ha-arets,* het volk van het land. Deze landheren dankten hun bezit niet zelden aan de gunst van de bezetter. In de joodse vrijheidsoorlog koos Sepphoris dan ook de kant van de Romeinse bezetter zoals de geschiedschrijver Flavius Josephus ons weet te vertellen. Hoewel je van Jezus niet kunt zeggen, dat Hij een sociaal hervormer was, koos Hij toch duidelijk de kant van de armen en verdrukten en had Hij voor de steden als Chorazin, Betsaïda en Kafarnaüm slechts bedreigingen over: 'Tot in de onderwereld zult ge neerzinken' (Mt 11,20-24). Door met 'vaderstad' te vertalen inplaats van 'geboortedorp', delen we Nazaret in bij die vijandige steden.

Jezus komt Nazaret binnen met een groep leerlingen achter hem. Het woord 'volgen' betekent letterlijk 'achter iemand aan lopen' d.i. iemands leerling zijn.[32] Daarmee treedt Hij duidelijk op als rabbi, wat dan ook aanstonds een reactie van zijn plaatsgenoten oproept. Ze staan perplex, staat er. We moeten ons dan ook niet verbazen over het feit, dat ze nog tijdens zijn onderricht protesteren. Ten eerste is een synagoge-dienst geen monoloog, zoals wij in onze kerken gewend zijn. En vervolgens: het feit alleen al, dat Hij als rabbi optreedt, wekt de afkeuring op. Men zou verwachten, dat zijn wijsheid en de wonderen die Hij verricht ('krachten' staat er letterlijk) de menigte juist zouden overtuigen. Maar dat zijn de argumenten van de volgelingen. Wijsheid en kracht zijn eigenschappen van de Messias (Jes 11,2). Men ontkent de feiten niet, maar stelt als tegenvraag: waar heeft Hij die wijsheid en die kracht vandaan? De schriftgeleerden beweren immers, dat Hij door middel van de vorst der duivels wonderen verricht (3,23). De wijsheid waarvan Hij blijkt geeft, is Hem maar gegeven! En het zijn zijn handen die wonderen verrichten, niet Hij zelf! In beide gevallen staat voor 'Hij' een aanwijzend voornaamwoord. Je zou eigenlijk moeten vertalen 'die daar'.[33]

Het volgende vers (v. 3) roept voor de christen allerlei moeilijkheden op. Jezus heet hier 'de zoon van Maria'. Het was in die tijd heel ongewoon, dat iemand naar zijn moeder werd genoemd. Ook als de vader dood was — wat men hier gewoonlijk veronderstelt — dan bleef men iemand toch naar hem noemen. Men denkt als christen uiteraard aan de maagdelijke geboorte, maar geen enkele van de dorpsgenoten dacht daar in de verste verte aan. Matteüs begint het verhaal van de maagdelijke geboorte als volgt: 'De geboorte van Jezus Christus geschiedde aldus' (Mt 1, 18).

Dat woordje 'aldus' staat met nadruk op het eind. Het wil dus een ander praatje weerleggen. In Mt 13,53 is Jezus niet de timmerman maar 'de zoon van de timmerman'. En bij Lucas lezen we: 'Is dat niet de zoon van Jozef' (Lc 4,22). Ook bij Marcus lezen een aantal handschriften 'de zoon van de timmerman en van Maria'. De kerkelijke schrijver Origenes antwoordt de christenhater Celsus dan ook, dat Jezus nergens in de kerkelijke evangelies 'timmerman' genoemd wordt. Door Jezus 'zoon van de timmerman' te noemen trof men twee vliegen in één klap. Hij was niet langer timmerman en heette niet langer zoon van Maria. Joodse schrijvers wijzen erop, dat 'timmerman' ook een wijs man kan betekenen in het Hebreeuws. In de Talmoed komt *naggar* inderdaad in deze betekenis voor. Maar als het een erenaam was geweest, had men niet zoveel moeite gedaan het woord weg te werken.

Niet minder problemen leveren de broeders en zusters van Jezus op. Volgens de kerkvader Hiëronymus waren dat neven en nichten, kinderen van Maria van Klopas, die een zus van de moeder van Jezus was (Joh 19,25). We komen de broeders echter alleen maar tegen in gezelschap van de moeder van Jezus. Deze 'oplossing' kunnen we dus wel ad acta leggen.
Meer kans maakt de oplossing van Epiphanius, dat het kinderen waren uit een vroeger huwelijk van Jozef, dus half-broers en -zusters van Jezus. Wie met dit antwoord geen genoegen kan nemen, verwijs ik naar de woorden van kardinaal Joseph Ratzinger: 'Het goddelijk zoonschap van Jezus berust volgens het geloof van de kerk niet hierop, dat Hij geen menselijke vader had; de leer van zijn goddelijkheid wordt niet aangetast als Jezus het kind van een normaal menselijk huwelijk is geweest'[33a]

Het antwoord van Jezus in v. 4 is een bekend spreekwoord. Het apokriefe evangelie van Thomas voegt er nog aan toe: 'een dokter geneest niet die hem kennen'. Het slotvers, dat Jezus daar geen wonderen kon doen, omdat men niet geloofde in Hem, heeft Marcus een beetje gecorrigeerd door toe te voegen: 'behalve dat Hij een klein aantal zieken genas'. Matteüs gaat nog wat verder: 'Wegens hun ongeloof deed Hij daar niet veel wonderen', schrijft hij (Mt 13,58). Het omgekeerde zien we gebeuren in de voorafgaande perikoop: de gelovige vrouw wordt genezen door de mantel van Jezus aan te raken. Jezus voelt alleen dat er een 'kracht van Hem uitgaat' (5,27-30). De genezing komt alleen tot stand als er een persoonlijke band is. De geneeskracht van de liefde werkt wonderen.

Die persoonlijke relatie ontbreekt als het gaat over Jezus en zijn plaatsgenoten. Zij hebben Hem al een plaats aangewezen: Hij is de timmerman, de zoon van Maria, en dat heeft Hij maar te blijven. Zij hebben letterlijk 'een beeld van Hem gemaakt', zo is Hij en zo zal Hij blijven. Dorothee Sölle schrijft:

'Misschien is er geen gebod dat we zo oponhoudelijk overtreden in onze gedachten, woorden en werken als dit. We maken hokjes, keer op keer. We geven de naaste en alle anderen een plaats in onze berekeningen en voorstellingen. Er is maar één mogelijkheid om te ontkomen aan dit beelden maken...'[34] En die ene mogelijkheid is de liefde. Liefde is blind voor de beperktheden van de medemens, maar heeft een open oog voor zijn mogelijkheden.

16. DE ZENDING VAN DE TWAALF
Vijftiende zondag door het jaar

Lezingen: Am 7,12-15; Ef 1,3-14; Mc 6,7-13

De KBS-vertaling heeft als opschrift boven deze perikoop 'Zending der apostelen'. Merkwaardigerwijs komt het woord 'apostel' in het stuk niet voor. Het staat wèl in v. 30: 'Toen de apostelen zich weer bij Jezus voegden'. Maar dat is een duidelijke verschrijving van Marcus, want hij gebruikt het woord verder nergens. De NBG-vertaling heeft als opschrift: 'De uitzending der discipelen' (leerlingen). Dat is niet veel beter, want Jezus had méér leerlingen dan de Twaalf. Lucas beschrijft het proces nauwkeuriger: 'Bij het aanbreken van de dag riep Hij zijn *leerlingen* bij zich en koos er *twaalf* uit, aan wie Hij tevens de naam van *apostel* gaf' (Lc 16,13). Marcus heeft het proces over drie etappes verdeeld. In 1,16-20 worden ze tot leerling geroepen: 'Kom achter Mij... en zij volgden Hem'. In 3,13-19 stelt Jezus er Twaalf aan met het doel uitgezonden te worden. In onze perikoop volgt het zenden (apostellein: v. 7). 'Hij *begon* te zenden' zou men beter kunnen vertalen met: 'Hij ging ertoe over hen te zenden'. Wat in de aanstelling tot de twaalf stamhoofden van het Godsrijk (vgl. Mt 19,28) al lag opgesloten, wordt hier ten uitvoer gebracht.

Het is echter zeer de vraag, of de zending al zo vroeg heeft plaats gevonden. Zoals gezegd komt het woord 'apostel', d.i. gezondene, verder niet voor. Ook Matteüs heeft het woord maar één keer (Mt 10,2). De titel stamt dus uit de tijd na Pasen en is waarschijnlijk door Paulus geïntroduceerd. Achter deze taalkundige waarneming schuilt een heel brok kerkgeschiedenis.[35] Maria van der Zeyde schrijft over onze perikoop, dat er eigenlijk weinig over te zeggen valt, ofschoon zij toch een heel belangrijke etappe in de gang van het evangelie verhaalt. 'Het is of Marcus het zonder de rechte animo geschreven heeft', zegt zij.[36] Inderdaad wist hij over de tochten van de Twaalf niets en daarom vult hij de tussentijd op met het verhaal over de dood van Johannes de Doper (zie nr. 14). Dit verklaart ook het slot van ons verhaal. De Twaalf krijgen de opdracht onreine geesten uit te drijven. Dat doen ze ook, maar bovendien zalfden ze veel zieken met olie en genazen hen (v. 13). Waar ze die olie vandaan haalden, staat nergens (ze mochten immers niets meenemen). Maar wat belangrijker is: nergens in het evangelie lezen we, dat Jezus of zijn leerlingen olie gebruiken om zieken te zalven. Dat lezen we wel in de brief van Jakobus: 'Is iemand onder u ziek ? Laat hij de presbyters (ouderlingen) van de gemeente roepen; zij moeten een gebed over hem uit spreken en hem met olie zalven in de naam des Heren' (Jak 5,14). Maar let wel: presbyters zijn geen rondtrekkende predikers maar leiders van de plaatselijke kerk.

De gang van zaken is, kort samen gevat, aldus geweest. Jezus stelde de Twaalf aan als stamhoofden van het nieuwe Israël. Hij zag het Rijk Gods voor de deur staan en een onderdeel van de totstandkoming van het Rijk Gods was de verzameling van de verstrooide twaalf stammen van de uithoeken der aarde. Na de verrijzenis vinden we de Twaalf terug als bestuurders van de kerk: 'de Twaalf riepen nu de leerlingen in vergadering bijeen' (Hand 6,2: de enige keer, dat de Twaalf genoemd worden in de Handelingen). In Hand 8,1 lezen we, dat er een vervolging losbreekt in Jeruzalem en, zo vervolgt de schrijver, 'allen verspreidden zich over het platteland van Judea en Samaria, uitgezonderd de apostelen'. Hier zijn de Twaalf ineens apostelen geworden. Toen de vervolgingen uitbraken, begon de fase van de missionering. Deze zendingsarbeid werd verricht door mensen die zich 'zendeling', d.i. apostel, noemden. Door hun werk verplaatste het zwaartepunt van de kerk zich van Jeruzalem naar de buitengewesten, de diaspora, en werden de 'apostelen' de belangrijkste figuren binnen de kerk. Als vanzelf ging de titel 'apostel' toen over naar de Twaalf, die nog altijd als de belangrijkste figuren binnen de kerk werden beschouwd. Maar het eigenlijke apostelwerk hebben zij nooit gedaan. Vandaar de verlegenheid van Marcus.

Tussen de twee raamverzen met het zendingsbevel en de uitvoering ervan (v. 7 en 12v) staat een reeks voorschriften voor zendelingen, die eveneens uit de latere kerk stammen. Dit verklaart de vele onregelmatigheden in de tekst. Ik noem er enkele. Tussen vers 8 en 9 gaat de schrijver ineens over in de directe rede, wat op een andere bron wijst. Ook inhoudelijk zijn deze verzen niet op elkaar afgestemd. Vers 8 luidt: alléén een stok, dus geen extra voedsel, enz. Dan gaat hij verder: Wèl sandalen, maar geen extra kleding. Een stok en sandalen zijn de kleding van mensen die haast hebben, die kun je immers direct grijpen (vgl. Ex. 12,11). Ze hebben eschatologische betekenis: Het Rijk Gods is nabij, er is geen tijd te verliezen. De negatieve bepalingen (geen voedsel, etc.) hebben een andere strekking. De rondtrekkende predikant moet zich verlaten op de gastvrijheid van de gelovigen. Hij moet niet van alles meeslepen. Dit voorschrift stamt uit een tijd, toen er in elke stad reeds gelovigen waren op wie men een beroep kon doen. De eerste verkondigers zoals Paulus, die van stad tot stad trokken en honderden kilometers te voet hebben afgelegd, moesten wèl bagage meenemen. Ook de verzen 10 en 11 wijzen op een verschillend klimaat. Vers 11 heeft weer een eschatologische achtergrond. De verkondigers van het Rijk Gods, de 'herauten' zoals ze genoemd worden, hebben geen tijd om lang te blijven. Als de mensen niet bereid zijn naar de Blijde Boodschap te luisteren moeten ze direct verder trekken.

Werd iemand ontvangen, dan waste men hem de voeten ter verwelkoming. Deed men dat niet, dan werd dit als afwijzing beschouwd. Als bewijs daarvan schudde men het stof van de voeten. Dat zien we Paulus en gezellen doen, wanneer zij door joodse burgers worden afgewezen zoals in Antiochië van Pisidië (Hand 13,51) en in Korinte (Hand 18,6). In Rome, de derde belangrijke etappe op de reizen van Paulus, weigeren de Joden weer (Hand 28,25), maar daar kan Paulus dat gebaar niet maken, want daar is hij zelf de gastheer die de Joden ontbiedt.

Achter vers 10 steekt ook een heel stuk missiegeschiedenis. Op het eerste gezicht is het een overbodige opmerking: 'Blijf tot ge weer afreist'. Lucas is wat duidelijker: 'Blijft in dat huis (waar je je intrek hebt genomen) en eet en drinkt wat ze u aanbieden' (Lc 10,7). Ook dat slaat op een latere periode. De zwervende predikanten namen blijkbaar niet altijd genoegen met wat hen werd voorgezet en dan verhuisden ze naar een beter kosthuis. De Didache of Leer der Twaalf Apostelen, een boekje dat rond het jaar 100 geschreven is, geeft hierover zeer nauwkeurige voorschriften. Een apostel mag maar één dag blijven. Desnoods een paar dagen. Maar als hij drie dagen blijft, is hij een valse profeet (Did. 11,4). Dan is hij op een goed leven uit. Merkwaardig is ook het volgende voorschrift: 'Ieder die in de geest spreekt is een profeet.... Maar een profeet, die in de geest een maaltijd laat aanrichten, zal er zelf niet van eten' (Did. 11,8v). Er waren dus blijkbaar profeten, die in geestverrukking het menu samenstelden.

Lucas voegt aan het voorschrift nog een motivatie toe: 'Want de arbeider is zijn loon waard' (Lc 10,8). Hij *mag* dus van het evangelie leven. Later werd dit geïnterpreteerd als een bevel, zoals we lezen bij Paulus: 'Zo heeft de Heer voor de verkondigers van het evangelie bepaald (!), dat zij van het evangelie moeten leven' (1Kor 9,14). Zoals we in de vorige perikoop hebben gezien, is het christendom ontstaan op het platteland. Daar golden de oeroude regels van de gastvrijheid en daar baseert Jezus zijn regels op. De latere verkondiging richtte zich volledig op de steden. Daar golden andere gewoonten. Dat leidde weer tot conflicten tussen de min of meer honkvaste stadsmissionarissen en de zwervende plattelandsverkondigers. De passage uit 1Kor 9 getuigt daarvan.

Deze, op zich interessante beschouwingen lenen zich meer voor een Bijbelcursus dan voor een preek. Toch zit er een belangrijke aanwijzing in voor de verkondiging. De hoofdgedachte van Jezus is: geen overtollige bagage meeslepen. Dat wordt vervolgens geconcretiseerd. Maar die concretisering is al niet belangrijk meer, want Mt 10,10 en Lc 9,3 schrijven voor: geen stok! Gaat men deze concrete voorschriften letterlijk nemen, zoals de getuigen van Jehova die er nog steeds twee aan twee op uit trekken, dan worden die voorschriften zelf lastige en overtollige bagage. En zo sleept de kerk uit haar geschiedenis van twintig eeuwen heel wat bagage mee!

17. SCHAPEN ZONDER HERDER
Zestiende zondag door het jaar

Lezingen: Jer 23, 1-6; Ef 2,13-18; Mc 6,30-34

De perikoop Mc 6,30-34 is een segment uit een grotere samenhang. Vooraf gaat het verhaal van de moord op Johannes de Doper. Maar dat dient alleen om de tijdsruimte op te vullen tussen het vertrek en de terugkeer van de Twaalf. Het verhaal van de broodvermenigvuldiging, dat hier onmiddellijk op volgt (v. 35-43), missen we meer, temeer daar ook het tweede verhaal (8,1-20) niet is opgenomen in de liturgische cyclus. De reden hiervan is duidelijk: We lezen de komende zondagen het verhaal van het broodwonder en de daarbij aansluitende eucharistische rede bij Johannes. Maar het gevolg is wel, dat we vandaag een inleiding lezen zonder het verhaal waar het om gaat. Het accent is nu gelegd op het thema van de herder zoals ook blijkt uit de lezing uit het O.T. (Jer 23,1-6) en de tussenpsalm (Ps 23). Je kunt trouwens als stelregel nemen, dat het vers waar het de samenstellers om te doen is aan het begin of het slot van een perikoop staat. Hier gaat het dus om het laatste vers: 'want zij waren als schapen zonder herder'.

De uitdrukking 'schapen zonder herder' komen we tegen in Num 27, 16v, waar Mozes aan God een opvolger vraagt: 'Laat dan Jahwe, de God die aan alle mensen het leven schenkt, over de gemeenschap iemand aanstellen, die hen uitleidt en hen thuisbrengt; anders wordt de gemeenschap van Jahwe een kudde zonder herder'. Wij zien in ons land vaak genoeg schapen zonder herder. Een kudde met herder is min of meer een toeristische bezienswaardigheid. Het beeld is dus allesbehalve actueel. Maar die schapen hebben dan ook volop voedsel! Daar gaat het om: een schaap zonder herder is in het Oosten een schaap zonder voedsel en zonder het onmisbare water. De herder leidt de schapen naar grazige weiden en voert ze naar 'water der rust' (Ps 23,2). Dit is uiteraard beeldspraak. Maar wat we maar al te gemakkelijk over het hoofd zien is, dat ook het broodwonder als teken is bedoeld. Jezus voedt de hongerige menigte met het woord: 'Hij begon hen uitvoerig te onderrichten'. Dat blijkt duidelijk uit Mc 8,11-21, een passage die de hele sectie afsluit. Jezus waarschuwt: 'Wacht u voor het zuurdeeg van de Farizeeën'. De leerlingen begrijpen daar niets van en zeggen onder elkaar: 'Dat zegt Hij omdat we geen brood meegenomen hebben'. Dan verwijt Jezus hen, dat ze de betekenis van het broodwonder nog steeds niet begrepen hebben.

Ik denk, dat we het broodwonder ook moeten zien in samenhang met de terugkeer van de Twaalf. Het is toch niet toevallig, dat ze na het wonder twaalf volle korven met brood ophalen. Dat heeft ongetwijfeld symbolische betekenis. (Trouwens, waar halen ze zo opeens twaalf lege korven vandaan daar in de woestijn ?). De apostelen zijn er op uitgetrokken om te verkondigen en ze komen terug met enthousiaste verhalen over wat ze gedaan en onderwezen hebben. Maar de massa blijft hongerig naar het woord en onverzadigd. Pas als zij het door Jezus gezegende brood uitdelen wordt iedereen verzadigd en houden ze zelfs over. Er is al vaak op gewezen, dat in het parallelle verhaal (Mc 8,1-10) zeven manden brokken worden opgehaald. Waarschijnlijk is dit de hellenistische versie van het verhaal. De kerk van de Hellenisten werd immers geleid door de Zeven (Hand 6,1-6; 21,8). De leerlingen hebben het zo druk, dat ze geen tijd hebben om te eten, maar de kudde lijdt honger. Jezus wil hen naar een stil plekje brengen, waar ze tot zichzelf kunnen komen. In v. 35 herhalen de leerlingen exact hetzelfde woord, dat we in v. 31 en 32 lezen: 'dit is een eenzame plaats'. Alsof ze zeggen willen: dat komt er nu van.

De herder is, zoals gezegd, in ons land een zeldzame verschijning geworden. Maar allicht zijn we in Drente of op de Veluwe nog wel eens zo'n schilderachtige figuur tegengekomen. Maar dan hebben we wèl een vals beeld gekregen. De taak van onze herder is vooral de schapen bij elkaar te houden. Met zijn schepje smijt hij kluiten naar eigenzinnige schapen die hun eigen weg willen gaan. De oosterse herder gaat voor de kudde uit. Hij is een voorganger in de volle zin van het woord. Hij wijst de schapen niet alleen de weg naar voedsel en water, hij bereidt de weg, is een baanbreker. De schapen volgen niet alleen zijn voorbeeld doordat ze hem achterna lopen, ze kunnen die weg ook gaan omdat hij is voorgegaan[37]. Dat betekent in figuurlijke zin dus, dat de pastor niet alleen het geloof van de kudde moet bewaken, maar dat hij een 'voorganger des geloofs' moet zijn (Hebr 12,2). Geloven in de zin van zich overgeven, zichzelf loslaten, kan men alleen wanneer men zelf vertrouwen heeft ervaren. Een pastor of opvoeder die zijn kudde niet vertrouwt en haar angstig bij elkaar probeert te houden, is juist het omgekeerde van een voorganger des geloofs.

Wanneer ouders klagen, dat er zo weinig aan geloofsopvoeding wordt gedaan op de katholieke scholen, dan probeer ik hen wel eens duidelijk te maken, dat geloven méér is dan geloofswaarheden leren. Uiteraard is informatie nodig. Het hoort gewoon bij de opvoeding van een in het Westen levende burger, dat hij weet wat Pasen en Pinksteren betekenen. Maar geloven is iets anders. Dat is een levenshouding en die kun je niet overdragen zoals je kennis overdraagt. De volgende vraag van deze verontruste ouders luidt dan steevast: 'Maar hoe kun je je kinderen deze geloofshouding bijbrengen?' Op deze vraag is naar mijn gevoel maar één antwoord mogelijk: door zelf in ze te geloven. En daarmee bedoel ik niet, dat je alles moet geloven wat ze zeggen, maar dat je vertrouwen moet hebben in hun hele persoon, in de diepste kern van hun wezen. En datzelfde geldt voor het grote gezin van de kerk. Een kerk die met alle haar ter beschikking staande machtsmiddelen probeert het geloof van de kerkleden te beschermen en te behoeden, geeft daarmee blijk van gebrek aan geloof in de H. Geest.

Maar wat moet een kerk zonder herders? Hoe moet dat straks, als er helemaal geen voorgangers meer zijn? Zoals ik in het begin al opmerkte, is het beeld van schapen zonder herder een heel gewoon verschijnsel in onze moderne agrarische wereld. Het gaat natuurlijk niet aan om het beeld zomaar door te trekken naar het verbeelde en te concluderen, dat ook de moderne gelovigen de herders wel kunnen missen. Toch is er wel degelijk een overeenkomst. Als ik terugdenk aan mijn eigen jeugd, dan was de wekelijkse verkondiging de enige bron van geestelijk voedsel. Religieuze lectuur kwam nauwelijks in huis, van radio en TV was uiteraard nog geen sprake. Wie vandaag zijn geestelijk leven *wil* voeden, die kan dat, ook zonder naar de kerk te gaan. En de techniek staat niet stil. Er zullen ongetwijfeld nog meer communicatiemiddelen komen. De kudde bewaren is er ook niet meer bij. De kudde heeft geen kuddegeest meer en het schaap is niet langer schaapachtig. De gelovige is zelf mondig geworden en laat zich niet meer gezeggen. Blijft nog het belangrijkste: voorganger zijn in het geloof. Veel meer dan vroeger wordt van de herder verwacht, dat hij in woord en daad getuigenis aflegt van zijn geloof, geloof in Gods trouw en de eigen vervangbaarheid.

De lezing uit Jeremia heeft ongetwijfeld eschatologische betekenis. Gedacht is aan de 'inzameling van de ballingen... door de spruit van David' zoals we lezen in het bekende joodse

Achttiengebed (10 en 15). God zelf zal door zijn Messias de verdwaalde schapen bijeenbrengen. Hetzelfde lezen we in de bekende herdersprofetie van Ezechiël: 'Want, zegt Jahwe de Heer, Ik zal zelf omzien naar mijn schapen en ervoor zorgen. Zoals een herder omziet naar zijn schapen, als die verstrooid zijn geraakt, zo zal ook Ik naar mijn schapen omzien en ze veilig terugbrengen van alle plaatsen waar ze verstrooid zijn geraakt op de dag van wolken en dichte duisternis' (Ez 34,11v). Ik wil niet beweren, dat Gods heerschappij, het Rijk Gods dus, in zijn volheid is aangebroken. We zijn nog niet zover als Jeremia 31,34 voorspelt: 'Dan hoeft niemand een ander nog voor te houden: 'Leer Jahwe kennen'. Want iedereen, groot en klein, kent Mij al'. Maar tussen dit geloof en de overtuiging, dat alles fout zal lopen, wanneer er geen herders meer zullen zijn, ligt voldoende speelruimte voor de gelovige mens om te blijven zingen: 'De Heer is mijn herder'.

18. REIN EN ONREIN

Tweeëntwintigste zondag door het jaar

Lezingen: Deut 4,1-2. 6-8; Jak 1,17-18, 21b-22.27; Mc 7,1-8. 14-15. 21-23

Er is in deze perikoop — evenals in de overige lezingen van deze zondag — danig met het rode potlood gewerkt. Als men een moderne auteur op deze wijze citeerde, zou hij naar de rechter stappen. In oude geschriften kom je wel vaker tegen, dat de kerkelijke censor bepaalde passages onleesbaar heeft gemaakt. Je probeert dan onwillekeurig te achterhalen, wat er gestaan heeft. Als men dan toch had willen schrappen, dan had men beter v. 3-5 weg kunnen laten. Dat is duidelijk een uitleg van de evangelist voor zijn niet-joodse lezers. Dat kan de predikant ook wel met eigen woorden doen als hij het nodig acht. Maar de vertaler kan er ook wat van! Hij heeft in v.2 en 5 de vrijheid genomen het woord 'brood' of 'broden' vóór 'eten' weg te laten. Maar we hebben al gezien, dat Marcus in deze hele sectie steeds op twee manualen speelt. Brood eten is tegelijk geestelijk voedsel tot zich nemen zoals in de passage 8,11-21. Ook in het verhaal van de Syrofenicische vrouw heeft 'brood' een spirituele betekenis: 'Het is niet goed het brood dat voor de kinderen bestemd is aan de honden te geven' (7,27).

Het eerste stuk dat men geschrapt heeft (v. 9-13), is waarschijnlijk weggevallen, omdat men het voorbeeld dat Jezus geeft te grof vond. Het woord 'korban' betekent letterlijk 'offergave'. Door dat woord over iets uit te spreken, onttrok men het aan het dagelijks gebruik, werd het geheiligd. Later werd het een gelofteformule, die soms gedachteloos werd uitgesproken. De vraag was, of de rabbijnen iemand van een dergelijke gelofte konden ontslaan. Om zo'n situatie gaat het hier blijkbaar, want de formulering 'dan staat ge hem niet toe', veronderstelt, dat de persoon in kwestie spijt heeft gekregen en van zijn gelofte ontslagen wil worden. Misschien waren de samenstellers van de liturgie van oordeel, dat Jezus de Farizeeën hier wel erg hard aanpakt. Weliswaar gingen zij met hun verwijt te ver, want het voorschrift de vingers te wassen voor het eten gold niet algemeen (dit in tegenstelling tot wat Marcus in v. 3 beweert). Maar om dit te vergelijken met de hierboven geschetste situatie, dat gaat wel erg ver.

Om een soortgelijke reden heeft men blijkbaar v. 16-19 weggelaten: men vond deze argumentatie te plat klinken in de mond van Jezus: niet wat de mens binnen krijgt maakt hem onrein, maar wat er uit hem komt. Door v. 20 onmiddellijk met v. 14 te verbinden krijgen de woorden overdrachtelijke betekenis: het gaat over de dingen van het hart. Anders gezegd: de vv 14-15 worden dan een vergelijking zoals ook blijkt uit v. 17, waar de leerlingen om de uitleg van deze gelijkenis vragen. En die gelijkenis luidt: voedsel is niet onrein, alleen als ontlasting wordt het vies. Een vergelijking met Matteüs leert, dat ook de Farizeeën aanstoot namen aan Jezus' woorden (Mt 15,12). Opvallend is, dat Matteüs ook het Jesaja-citaat verplaatst en na de kwestie van de corban zet. Blijkbaar vond hij ook de reactie van Jezus te hard.

Intussen moeten we toegeven, dat ook de redacteur (Marcus) nogal wat aan het verhaal gesleuteld heeft. Op de eerste plaats heeft hij, zoals reeds is opgemerkt, voor zijn romeinse lezers het gebruik van rituele wassingen uitgelegd (v. 3-4). Voorts moest hij voor zijn lezers de situatie schilderen (v. 2). De Farizeeën *zagen,* dat de leerlingen met 'onreine' handen aten, maar de lezer weet dat nog niet. Bij een aandachtige lezing valt ook op, dat Jezus eerst in v. 4 het volk erbij roept en dat Hij vervolgens pas de uitleg van de 'parabel' geeft als het volk weer weg is (v. 17). Hetzelfde zien we gebeuren in 4,1-20. Eerst spreekt Jezus de parabel van de zaaier uit voor heel het volk (v. 1-9). Pas als Hij weer alleen is geeft Hij de uitleg voor de selecte groep leerlingen (v. 10-20). Dat is een heel onnatuurlijke gang van zaken. Een vergelijking dient om iets te verduidelijken. Aan de hand van het bekende leggen we het onbekende uit. Een parabel uitleggen is dus de zaak op zijn kop zetten (zie nr. 12). In het geval van Mc 4,1-20 hebben we met een zogenaamde allegorische uitleg te maken. Als het beeld *te* bekend is geworden, wordt het 'vanzelfsprekend', wat in feite inhoudt dat het juist niet sprekend meer is. En dan gaat men proberen alle onderdelen van het beeld op de actuele situatie toe te passen. Dit is een heel eigen kunst, een soort geheime wetenschap. Vandaar Mc 4,11: 'Aan u is het geheim van het Rijk Gods geschonken, de buitenstaanders krijgen alles in gelijkenissen.'

Hier, in Mc 7,14v. liggen de zaken enigszins anders. De parabel is niet zozeer 'vanzelfsprekend' geworden, maar voor het fijne kerkvolk aanstootgevend. Jezus antwoordt de Farizeeën eerst met rabbijnse middelen: een Schriftbewijs (Jes 29,13) en vervolgens met een voorbeeld uit hun eigen mondelinge wet: Als iemand in woede tegen zijn ouders roept: 'God zal me... als jullie nog ooit een cent van me krijgen...', dan zit hij aan die eed vast en kan hij zijn ouders niet meer helpen. (Volgens het joodse wetboek, de Misjna, verschilden de rabbi's hier overigens van mening. Sommigen zeiden, dat men in zo'n geval God meer moest eren dan zijn ouders door de eed te houden. Maar anderen zoals rabbi Eliezer, meenden dat in zo'n geval de weg open moest blijven voor berouw). Vervolgens keert Jezus zich tot het volk en dan bedient Hij zich van een zeer volkse argumentatie. En geloof maar, dat de mensen dit argument begrepen hebben. Hier is echt iedere uitleg overbodig!

Waarom dan toch die uitleg? Niet omdat Marcus het argument onpassend vond, want hij legt het nog eens omstandig uit. Wat je eet komt niet in het hart terecht (de zetel van de gedachten voor de antieke mens) maar in de buik en vervolgens in het toilet. Het antwoord ligt, geloof ik, in het kryptische zinnetje dat dan volgt: 'rein makend al het voedsel'. Erg duidelijk is dat niet en Matteüs laat het daarom weg. Maar de meest voor de hand liggende vertaling is toch wel: 'En zo verklaarde Jezus alle voedsel rein'.

Hiermee wordt dan een verantwoording gegeven van de latere kerkelijke beslissing, dat de joodse spijswetten voor de heiden-christenen niet gelden. Dat heeft destijds heel wat voeten in aarde gehad. De reinheidswetten vormden *de* grote belemmering voor een heiden om over te gaan tot het joodse en later tot het christelijke geloof. We lezen dan ook in Hand 11,3, dat Petrus, nadat hij de hoofdman Cornelius in de kerk heeft opgenomen, in Jeruzalem te horen krijgt: 'Gij hebt het huis van onbesnedenen betreden en met hen gegeten'. Maar Petrus heeft in een visioen te horen gekregen: 'Beschouw niet als onheilig wat God rein heeft verklaard' (Hand 10,15; vgl. 10,28; 11,9). In Jeruzalem had de streng orthodox levende Jakobus de leiding van de kerk en van daaruit werden steeds weer moeilijkheden gemaakt. Daarom laat Marcus hier naast de plaatselijke Farizeeën die het conflict veroorzaakten, ook enkele schriftgeleerden uit Jeruzalem aantreden (7,1; vgl. 3,22). Hiermee wordt tevens duidelijk, waarom Marcus kan schrijven, dat *al de Joden* hun vingers wassen alvorens te gaan eten (v. 3). Toen hij schreef was dit gebruik inderdaad algemeen ingeburgerd, maar tevens blijkt hieruit, dat de schrijver zich geen Jood meer voelt en dat het woord 'Jood' een godsdienstige aanduiding is geworden (tegenover 'christen').

Het centrale woord in deze perikoop is 'overlevering' (paradosis). Het komt vijf keer voor (v. 3.4.5.8.9.) en verder nergens meer in het evangelie. Eigenlijk waren deze wassingen alleen voorgeschreven voor de priesters. Wie als bijzonder vroom wilde doorgaan deed het ook. Vervolgens wilde iedereen voor vroom doorgaan of tenminste niet onvroom lijken. Zo wordt een gebruik 'overlevering' of traditie. En tenslotte wordt het dan in het kerkelijk wetboek opgenomen en met sancties omkleed. De weg terug is dezelfde (zie nr. 10). De kerk zelf zal nooit uit eigen beweging een wet afschaffen. Het begint ermee dat iemand de wet overtreedt (iemand moet de eerste zijn!). Anderen volgen zijn voorbeeld en op een gegeven moment is het 'gewoon' geworden. De kerk erkent het gewoonterecht en zal dus die wet schrappen. Maar zij die begonnen zijn waren wèl overtreders! Joodse geleerden beweren, en naar mijn gevoel terecht, dat Jezus nooit een wet heeft overtreden. Hoogstens waren het de leerlingen zoals hier en in Mc 2,23. Waar Hij tegen gevochten heeft is dit mechanisme, waardoor wat als vroomheid begonnen is tot wet wordt en dat vervolgens onvroom wordt wie zich niet aan die wet houdt.

19. 'ALLES HEEFT HIJ WEL GEDAAN'
Drieëntwintigste zondag door het jaar

Lezingen: Jes 35,4-7; Jak 2,1-5; Mc 7,31-37

Het mooie verhaal van de Syrofenicische vrouw (Mc 7,24-30) slaan we dit jaar over. Dat komt in het Matteüsjaar aan de beurt (20e zondag). Voor Marcus is er wel degelijk samenhang tussen beide verhalen, want hij noemt Tyrus en Sidon opnieuw (v.31;vgl. v.24). Hij doet het overigens wel op een onhandige manier, want Sidon ligt zo'n 30 km ten Noorden van Tyrus. Een aardige omweg dus en dat in een bergachtig gebied. De topografische mededeling heeft blijkbaar meer een theologische betekenis. Heel deze reeks gebeurtenissen, dus vanaf 7,24, speelt zich af buiten Galilea in een overwegend heidens gebied. Het geloof van de heidense vrouw staat tegenover het ongeloof van de leerlingen, van Joden dus. Jezus beschrijft dit ongeloof met een profetisch woord: 'Gij hebt toch ogen: ziet ge dan niets ? Ge hebt toch oren: hoort ge dan niets ?' (8,18). Dit slaat duidelijk op het broodwonder in 8,1-10. De leerlingen hebben nog steeds niet begrepen, dat het hier om méér dan brood gaat. Het broodwonder en het onbegrip van de leerlingen wordt omsloten door twee wonderverhalen, de genezing van een dove en van een blinde (7,31-37 en 8,22-26). Bij het eerste broodwonder is de compositie omgekeerd: broodwonder, genezingen (6,53-56) en onbegrip van de leerlingen (7,1-23). De beide genezingen, van de dove en de blinde verlopen identiek. Beide zieken worden door medemensen naar Jezus gebracht. Voor de blinde is dat nodig, voor de dove minder. In beide gevallen gebruikt Jezus speeksel — wat Hij anders nooit doet — en neemt Hij de zieke apart. In beide gevallen volgt ook het verbod om over het wonder te spreken, wat vooral bij de genezing van iemand die niet kan spreken vreemd aandoet. Opvallend is tenslotte, dat in beide gevallen de leerlingen geheel uit het beeld verdwenen zijn. Terwijl zij in het middenstuk (broodwonder en ongeloof) de hoofdrol spelen, zijn ze hier stomme en blinde aanwezigen die er niets van begrijpen. Het niet-begrijpen en het spreekverbod lijken met elkaar in tegenspraak, maar in werkelijkheid is dat niet zo. Voor wie niet gelooft, zegt dit allemaal niets. Zeggen en zien zijn in vele talen verwante woordstammen (bv. say en see)[38]. 'Moet je eens kijken', zeggen we en dan is er niets te zien. Of je laat een foto zien en vraagt dan: 'Zegt je dat iets?' 'Is uw geest zo verblind, vraagt Jezus, dat ge het niet verstaat?' (8,17).

Bekijken we nu de perikoop van deze zondag wat meer van dichtbij. Ook in de nieuwste vertaling (Groot Nieuws Bijbel) luidt het opschrift: 'Jezus geneest een doofstomme', ofschoon het instituut voor doven in St.-Michielsgestel al sinds jaren verkondigt, dat er geen doofstommen zijn. Deze mensen zijn doof en hebben daardoor niet leren spreken. Dat plaatst ons wel direct voor een moeilijkheid. Want hoe kan die man dan ineens normaal spreken, wanneer hij dat nooit geleerd heeft? Op het eerste gezicht lijkt Marcus aan die moeilijkheid tegemoet te komen, want in v. 32 schrijft hij letterlijk: 'ze brachten Hem een dove die moeilijk sprak' (mogilalos, in de Statenvertaling: 'die zwaarlijk sprak'); en in v. 35: 'en hij sprak normaal (orthoos)'. Nu kan elke dove wel ongearticuleerde klanken uitbrengen en mensen die de patiënt kennen verstaan die ook wel, maar 'spreken' kun je dat toch niet noemen. Er is echter nog iets anders. Het woord *mogilalos* komt in heel de Griekse Bijbel, dus inclusief het Oude Testament, nog maar één keer voor, nl. in Jes 35,6, een vers dat deel uitmaakt van de eerste lezing: 'Dan danst de kreupele als een hert en juicht de tong van de stomme'... Dit kan nauwelijks toeval zijn. Marcus ziet hier de profetie van Jesaja vervuld en dit verklaart het ongewone woord. Aan het slot van het verhaal gebruikt hij dan ook het gewone woord voor 'stom' nl. *alalos.*

Opvallend is in dit stuk het gebruik van therapeutische riten. Terwijl de begeleiders alleen vragen de hand op te leggen, wat voor Marcus 'genezen' betekent (5,21;6,5), bezigt Jezus verschillende riten: het aanraken van de oren en de mond met speeksel, zuchten en een 'magisch' woord *Effeta,* dat Marcus, de vertolker, voor ons weergeeft met 'Ga open' (vgl. *Talita koemi* in 5,41). In de oudheid golden deze gebaren als afwerend. Ze werden dan ook door de oude kerk opgenomen in het dooprituëel als exorcismen. Voor ons doen ze misschien bizar aan, ofschoon men in de psychotherapie tegenwoordig weer veelvuldig gebruik maakt van dergelijke riten.[39] Zo zal men bv. bij hysterische stomheid over de keel strijken. Bij dergelijke gebaren hangt veel af van de relatie die tussen patiënt en genezer bestaat. Een moeder kan inderdaad de pijn van een kind 'wegkussen'. Men moet tenslotte niet vergeten, dat Jezus zich in een heidens gebied bevindt. Speeksel, en vooral nuchter speeksel, had genezende kracht. Dat gold vooral voor het Griekse denken. Jezus wil door deze gebaren de dove duidelijk maken, dat Hij hem gaat genezen. Alleen op die manier kan Hij in de man geloof wekken en dat is voor Hem belangrijk (vgl. 7,29). Intussen pleiten al deze details wèl voor historiciteit van het verhaal. Bij Matteüs lezen we slechts een heel globale schildering (Mt 15,30v). Hij is kennelijk niet zo gecharmeerd door deze bijzonderheden.

Onze kerkmensen zullen dat trouwens ook niet zijn! Daarom is een grondige aanpak hier noodzakelijk. We beginnen het best bij het slot. Over het spreekverbod en de achtergronden daarvan is al eerder gesproken (zie nr. 7). Hier kunnen we volstaan met op te merken, dat het wonder als zodanig voor Jezus niet belangrijk is. Het gaat om de betekenis. Nergens wordt dit duidelijker gezegd dan in Joh 6,26: 'Niet omdat gij tekenen gezien hebt, zoekt ge Mij, maar omdat ge van de broden gegeten hebt tot uw honger was gestild'. De wereld is er niet beter op geworden omdat Jezus een paar doven heeft genezen. Zelfs al had Hij alle doven van die tijd geholpen, de doofheid als kwaal is gebleven. Het ging Hem om meer en dat meer vinden we in de eerste lezing. Het gaat om de bevrijding, de verlossing van de mens, 'om heil en genezing te vinden'. Voor Jezus waren de wonderen die zijn handen verrichtten evenzovele bewijzen, dat het Rijk van God, Gods heerschappij, ging aanbreken: 'Als Ik door de geest Gods de duivels uitdrijf, dan is inderdaad het Rijk Gods tot u gekomen' (Mt 12,28). Het heeft dan ook weinig zin erover te discussiëren, wat er nu precies met die dove gebeurd is en waarom hij nu ineens kan spreken. Het gaat om méér en dat is precies wat de leerlingen niet hebben begrepen.

We moeten Jes 35 lezen tegen de achtergrond van de ballingschap. De ballingen leven in een vreemd land waarvan ze de taal en de cultuur niet verstaan, zoals de buitenlandse arbeider in ons land. Ze voelen zich levend begraven. De wereld is als een woestijn, eenzaam en zonder leven. In zo'n wereld leeft ook een dove mens. Hij ziet mensen hun lippen bewegen als in een film waarbij het geluid is uitgevallen. Hij ziet mensen lachen maar weet niet waarom. En al gauw denkt hij, dat ze over hem grapjes maken. Dat maakt hem achterdochtig en nog eenzamer. Iedere mens wordt zijn vijand.

En tegen zo'n mens zegt Jezus dan: 'Ga open !' Open de vensters van je hart en laat al dat vreemde, dat nieuwe binnenstromen als een verfrissende wind. De man kan nu zijn medemensen verstaan. Ze zijn niet langer bedreigend voor hem. Hij opent zijn geest voor andere opvattingen, andere zienswijzen. Eén van de wonderlijkste beelden uit de psalmen is, dat God ruimte schept: 'Gij verruimt mijn hart' (Ps 119,32;vgl. 4,2). Eenzaamheid maakt onvruchtbaar. Een mens die niet luistert naar de ander, maar vooral iemand die zich niet uiten kan, wordt eenzaam en levenloos als de woestijn. Het probleem van dit wonderverhaal is niet, dat Jezus in zijn leven maar voor een paar mensen het gehoor heeft geopend en de tong heeft losgemaakt. Het probleem is veel meer, dat wij, zijn volgelingen, het teken niet hebben verstaan. Daardoor is de wereld nog steeds niet wat God ermee vóór had, toen Hij zag dat het goed was, wèl gedaan zoals het gedaan was.

20. ZELFVERLOOCHENING EN KRUISDRAGEN
Vierentwintigste zondag door het jaar

Lezingen: Jes 50,5-9; Jak 2,14-18; Mc 8,27-35

De perikoop van deze zondag maakt deel uit van de drievoudige traditie. Dat wil zeggen, dat alle drie synoptici deze gebeurtenis, ieder op zijn eigen wijze, vertellen. De kerk vindt de gebeurtenis zo belangrijk, dat zij elk jaar de passage bij de betreffende evangelist als liturgische lezing kiest. (Vgl. Mt 16,13-23 op de 21e zondag A; Lc 9,18-24 op de 12e zondag C). In het A-jaar ligt de nadruk duidelijk op de belijdenis van Petrus en de daarmee verbonden belofte. Dit jaar en ook in het C-jaar sluit de lezing met de spreuk over navolging en kruisdragen. Daar ligt dus het accent. Het is echter duidelijk, dat de evangelisten het lijden van de Heer willen verbinden met het lijden van de christen ook al is die verbinding wat kunstmatig, zoals blijkt uit de redactionele inleiding: 'Nadat Hij behalve zijn leerlingen ook het volk bij zich had laten komen' (v.34).
De historiciteit van de Petrus-belijdenis is een omstreden kwestie. Zoals bekend is de belijdenis bij Matteüs uitvoeriger:

'Gij zijt de Christus, de Zoon van de levende God' (Mt 16,16). En daarna volgt bij deze evangelist de zaligspreking van Petrus, die we bij Marcus missen. Nu is het duidelijk, dat het in beide evangelies over dezelfde gebeurtenis gaat. Eén van beide dus: óf Matteüs heeft de woorden van Jezus uitgebreid, óf Marcus heeft ze ingekort. Voor het laatste is geen enkel redelijk motief te vinden, zodat we moeten aannemen, dat we in Matteüs met een kerkelijke aanvulling te maken hebben. Nu is dat niet zo schokkend, want het is al lang bekend, dat de evangelies geen historisch verslag van het leven van Jezus willen geven, maar de neerslag zijn van het gelovige denken van hun eigen tijdgenoten. Maar er is meer! De evangelies geven dus een ontwikkeling in dat gelovige denken te zien. De vraag is dan: is het evangelie van Marcus het startpunt van deze ontwikkeling of is in dit evangelie zelf al een zekere groei waar te nemen?

Twee feiten wijzen in de richting van een positief antwoord op deze vraag. Op de eerste plaats is er het spreekverbod. Bij een wonderverhaal zoals we de vorige zondag hebben gelezen, ligt dit voor de hand. Ook joodse gebedsgenezers plachten zich te verbergen. Zij waren beducht voor de op sensatie beluste menigte. Zij wensten hun bijzondere relatie met God niet te exploiteren. Maar hier liggen de zaken anders. De komst van de Messias was onlosmakelijk verbonden met het aanbreken van Gods Heerschappij, het Rijk van God. En dat dit nabij was, dat was de inhoud van de verkondiging van Jezus (Mc 1,15;vgl. 6,12). De gedachte, dat Jezus de Messias was, moet dus wel bij de leerlingen opgekomen zijn. Maar naarmate de dingen een ongunstiger loop namen, begonnen zij steeds meer te twijfelen. En op het moment, dat Jezus zelf zich openlijk als Messias beleed (Mc 14,61v), hadden zij Hem reeds allen in de steek gelaten (Mc 14,50). Het spreekverbod dekt dus in werkelijkheid het zwijgen van de leerlingen, hun schaamte over de Mensenzoon toe (v. 38).

Een tweede opmerkelijk feit is de nauwkeurige voorspelling van dood en verrijzenis. Het is duidelijk, dat Jezus niet eens een profeet hoefde te zijn om te kunnen weten, dat het verkeerd met Hem zou aflopen. Maar anderzijds valt het moeilijk in te zien, dat de leerlingen en bloc op de vlucht gingen, terwijl ze wisten dat alles weer goed zou komen. Deze nauwkeurige voorspelling — en ook daarin zit een duidelijke ontwikkeling: vgl. 10,34 — is voor een deel dus een profetie - achteraf. Als ons een dierbaar iemand ontvallen is, zoeken we in zijn of haar leven naar signalen, waaruit blijkt, dat de overledene het einde voelde aankomen. Het is alsof zo'n verlies minder pijnlijk is, wanneer het voorzien en dus onontkoombaar was.

De liturgie van vandaag doet niet anders. De eerste lezing is ongetwijfeld gekozen om te bevestigen, dat ook het Oude Testament het lijden van de Messias voorspeld heeft. Niets is echter minder waar! De Messias zoals het Oude Testament hem ziet en zoals ook Petrus hem blijkbaar zag, was iemand die zou zegevieren over alle onrecht en niet een man die eraan ten onder zou gaan. De liederen over de 'knecht van de Heer' (Jes 49-53) hebben op de eerste plaats betrekking op een collectieve figuur, het lijdende volk van God, dat vraagt naar het 'waarom' van al dit lijden. Vervolgens zijn het liederen van troost. Het accent ligt niet op het lijden maar op de uiteindelijke overwinning: 'Daarom geef Ik hem zijn deel te midden van de velen en samen met hun machthebbers verdeelt hij de buit, omdat hij zijn leven prijsgaf totterdood en zich bij de weerspannigen liet tellen' (Jes 54,12). Daarom hebben de evangelies deze liederen ook niet gebruikt om het lijden van Jezus te verklaren. Het enige citaat dat we aantreffen in de lijdensverhalen is het zoëven geciteerde vers in Lc 22,37.

Voor de eerste christenen was het lijden van de Messias dan ook een volslagen raadsel en dat verklaart de reactie van Petrus. De voorspelling van het lijden houdt voor hem de ontkenning van de messiaanse waardigheid in. Als dit gebeurt is Hij *niet* de Christus. De zalving van een koning, een profeet, een hogepriester betekende de goddelijke bevestiging. De gezalfde bij uitstek, de Messias, kon in zijn denken niet door God in de steek worden gelaten, want dat zou betekenen, dat God niet achter hem stond. Op elk van de drie lijdensvoorspellingen (8,31;9,31;10,32-34) volgt dan ook het onbegrip van de leerlingen. Na de tweede voorspelling maken ze ruzie over de vraag, wie van hen de voornaamste is (9,33-35); de derde keer vragen ze om een plaats aan zijn rechter- en linkerhand (10,35-37).

Terecht merkt men op, dat hoofdstuk acht de draaischijf is van het evangelie van Marcus.[40] Het bevat zestien hoofdstukken en het achtste hoofdstuk staat dus precies in het midden. Maar ook inhoudelijk is dit hoofdstuk de scharnier. De massa heeft zich na de broodvermenigvuldiging van Jezus afgekeerd. Van nu af houdt Hij zich meer bezig met de vorming van de 'kleine kudde' (Lc 12,32). Men zou de belijdenis van Petrus kunnen zien als het hoogtepunt in de loopbaan van Jezus. Van nu af gaat het bergaf. Maar aan het eind staat de belijdenis van Jezus zelf: 'Ja, dat ben Ik' (14,62). Men zou hier dus ook van een keerpunt kunnen spreken in die zin, dat Jezus hier alle menselijke waarden omkeert. De erkenning door Petrus is de ontkenning van de wezenlijke betekenis van de Messias: lotgenoot zijn met de lijdende mensheid. De hogepriester veroordeelt Jezus op grond van godslastering (Mc 14,64). Een ontluisterde en machteloze mens Messias noemen is een belediging van de Almachtige. Maar juist op dat ogenblik openbaart Jezus zijn messiaanse waardigheid.

Heel deze omkering van de gangbare waardeschaal ligt uitgedrukt in v.35: 'Wie zijn leven verliest zal het redden'. Inplaats van 'leven' (psyche) zou men ook 'zichzelf' kunnen schrijven. In een minder beschaafd Nederlands zou je mogen vertalen 'z'n eigen' verliezen. In modieuze taal zou je kunnen zeggen: zijn identiteit prijsgeven. Nu is identiteit een heilig woord in onze samenleving. Je identiteit verliezen betekent zoveel als van jezelf vervreemd raken en dat is inderdaad het ergste wat een mens kan overkomen. Maar Jezus bedoelt ook niet, dat we ons diepste wezen moeten prijsgeven. Integendeel! Wie echter in de ogen van anderen iemand wil zijn, wie wil beantwoorden aan het beeld dat anderen van hem hebben, zal dat dikwijls doen ten koste van zijn diepste wezen en dan verliest hij juist zichzelf. Had Jezus willen beantwoorden aan het messiasbeeld van zijn tijd, dan had Hij als een zegevierende held Jeruzalem moeten binnentrekken. Maar dan had Hij nooit solidair kunnen zijn met de lijdende mensheid. Een rabbijnse legende verhaalt, dat eens, toen de wereld in brand stond, God begon te schreien opdat zijn tranen het vuur zouden blussen. Maar zijn tranen droogden op... Een God die machteloos is tegenover het lijden, dat is de God van Jezus van Nazaret.

21. GEDAANTEVERANDERING VAN DE HEER
Tweede zondag in de veertigdagentijd

Lezingen: Gen 22,1-18; Rom 8,31-34; Mc 9,2-10

Met deze lezing onderbreken we even de loop van het kerkelijk jaar om de draad van het evangelie te volgen. Traditiegetrouw wordt het verhaal van de transfiguratie op de tweede zondag van de vasten gelezen. Evenals de vorige wordt ook deze perikoop in de driejarige cyclus ieder jaar gelezen. Dat schept extra moeilijkheden: Niet alleen voor de predikant, die ieder jaar maar weer moet zien een nieuw aspect van het verhaal te belichten, maar ook voor de luisteraars. Het verhaal is zo bekend geworden, dat het zijn raadselachtig karakter verloren heeft. En toch zijn vragen dikwijls belangrijker dan de antwoorden. De predikant zal er dus goed aan doen die vragen nog eens te onderstrepen. Het raadselachtigst zijn de laatste verzen. Stel je voor ! Er klinkt uit de wolken een goddelijke stem: 'Luistert naar deze man, want Hij is mijn Zoon, mijn welbeminde'. Je denkt dan van die man een zeer belangrijke mededeling te zullen vernemen. En wat horen we ? 'Praat hier met niemand over' ! En de leerlingen, die zich later zo zelfbewust erop beroemen 'ooggetuigen van zijn luister' te zijn geweest (2Petr 1,16), zwijgen als het graf.

De evangelist geeft zelf de richting aan, waarin wij het antwoord moeten zoeken. Hij begint mijn verhaal met een exacte tijdsaanduiding, iets wat zelden voor komt: zes dagen later. Dat betekent, dat hij een nauwe samenhang ziet tussen het verhaal van de verheerlijking en de voorspelling van dood en verrijzenis (Mc 8,31). Er zijn zelfs auteurs, die dit verhaal beschouwen als een verrijzenisverhaal, dat teruggeprojecteerd is in het leven van Jezus. Dat lijkt mij overigens niet waarschijnlijk, want de strekking is precies omgekeerd. De verrijzenisverhalen, vooral de latere, die van Lucas en Johannes, doen alle moeite om aan te tonen, dat de Verrezene een echte mens van vlees en bloed is. Hij laat zich betasten, eet met de leerlingen, enz. Hier gebeurt het omgekeerde: de mens Jezus laat voor een ogenblik zijn ware, bovenaardse wezen zien. Ik neem eerder aan, dat we hier te maken hebben met een zogenaamde isclosure-ervaring. In het licht van de verrijzenis hebben de leerlingen bepaalde gebeurtenissen uit het leven van Jezus pas in hun eigenlijke betekenis begrepen. Het is bij zo'n ervaring alsof fragmenten van een beeld zich plotseling samenvoegen tot een duidelijk herkenbaar geheel. Pas binnen dat geheel krijgen de onderdelen zin en betekenis.

De leerlingen waren tot de overtuiging gekomen, dat Jezus de beloofde Messias was (zie nr. 20). Maar zij hadden zich die messias voorgesteld als een Mozes redivivus, een teruggekeerde Mozes, die ooit de Egyptenaren met één enkel handgebaar liet omkomen (Ex 14,27). Zij zagen in Hem de teruggekeerde Elia, die 450 priesters van Baäl liet afslachten in het dal van de Kison (1Kon 18,40). Maar zij rekenden niet op een messias, die door de hand van goddelozen aan het kruis zou worden genageld (Hand 2,23). Pas na dit gebeuren kwamen zij tot het inzicht, dat God dààr aanwezig is, waar mensen worden vertrapt en vernederd. Toen herinnerden zij zich, hoe Jezus in het zicht van het naderende einde had geworsteld met zichzelf en hoe zijn gezicht een bovenaardse glans kreeg, toen Hij dit gevecht beslist had. Jaren geleden stelde een vriend, die door de artsen was opgegeven maar dit zelf nog niet wist, mij bijna dezelfde vraag als die welke Jezus zijn leerlingen stelde: 'Wat zeggen de mensen van mij?' Toen ik zweeg, omdat mij gevraagd was niet over zijn toestand te spreken, zag ik aan zijn gezicht, dat hij het begrepen had. En toen was hij het die op zijn beurt zei: 'Niet over praten'!

Er is nog een andere parallel met zo'n stervensproces, dat zich opdringt. Mensen die op een relatief jonge leeftijd de dood voelen naderen, hebben letterlijk een gevecht op leven en dood te leveren met zichzelf. Dikwijls wentelen zij die agressie af op hun omgeving, die dat dan niet begrijpt en zich afgewezen voelt. Ook Petrus moet zoiets ervaren hebben, toen hij van Jezus die ongewoon felle afwijzing te horen kreeg: 'Ga weg, satan, terug!' (Mc 8,33). Als je wat vertrouwelijker met zo iemand over deze dingen praat, krijg je vaak te horen, dat alles wat die mensen om hen heen bezighoudt, al de troost die zij menen te moeten aandragen, hun zo ontzettend onbelangrijk, zelfs banaal in de oren klinkt. Zo van: 'Het is goed hier te zijn... wat een mooi uitzicht heb je hier...' (Mc 9,5).

Volgens Lc 9,31 spraken Mozes en Elia met Jezus over zijn heengaan. Dat betekent toch wel, dat men pas veel later zijn dood is gaan zien als de verheerlijking. De drie kruisen op Golgota werden pas veel later als drie tenten, symbolen van Gods nabijheid. Onwillekeurig dringt zich hier de vaak geciteerde passage uit het aangrijpende boek van Elie Wiesel 'Night' op.[41] Joodse gevangenen worden gedwongen de executie van drie medegevangenen, die veroordeeld zijn tot de strop, bij te wonen. Een van hen is nog maar een kind en zijn uitgeteerd lichaam is zo licht, dat de doodstrijd eindeloos duurt. Tijdens dit gruwelijke schouwspel hoort de schrijver achter zich iemand vragen: 'Waar blijft God nu?' En, zo gaat hij dan verder, ik hoorde een stem in mij die antwoordde: 'Waar Hij is? Hier is Hij — Hij hangt hier aan de galg...'

Wie vaker een stervensproces heeft begeleid weet, dat na de fase van het gevecht, van het niet willen aanvaarden, een bijna bovenmenselijke rust over de zieke komt. 'Men heeft zich als het ware leeggehuild en daarmee de band met het leven emotioneel doorgesneden', schrijft Faber.[42] Hij kan er nu over praten met Mozes en Elia. Mozes heeft de desillusie van het gouden kalf achter de rug als hij God ontmoet en zijn gezicht begint te stralen (Ex 34,29). Elia ervaart Gods aanwezigheid in het suizen van de wind op het moment, dat hij zich volkomen alleen voelt, de enige die God trouw gebleven is (1Kon 19,9-18). Ook Jezus had velen van zijn volgelingen teleurgesteld zien vertrekken (Joh 6,66), toen Hij 'zijn aangezicht verhardde' om naar Jeruzalem te gaan (Lc 9,51).

Het is bekend, dat mensen gemakkelijker sterven naarmate het leven hun minder te bieden heeft. Wanneer een man zijn vrouw verloren heeft, of omgekeerd, sterft hij/zij minder moeilijk. Men is dan emotioneel minder aan het leven gehecht dan tevoren. Die stemming klinkt door in Mc 8, 36 v: 'Wat voor nut heeft het voor een mens heel de wereld te winnen als dit ten koste gaat van eigen leven? Wat toch zou een mens in ruil kunnen geven voor zijn leven?' De uitspraak klinkt paradoxaal uit de mond van een man, die zojuist zijn zending — de wereld winnen voor God — heeft zien mislukken. Maar juist door deze mislukking is Hij alles anders gaan zien.

De eerste lezing is ongetwijfeld gekozen om de woorden 'mijn welbeminde zoon'. Want in Gen 22,2 leest de Griekse vertaling, en dat was de Bijbel van Marcus: 'Neem uw welbeminde zoon' en niet 'uw enige zoon' zoals de Hebreeuwse tekst heeft. Deze gebeurtenis die in de joodse traditie leeft als 'de binding van Isaak' (aqedah Jitschak) en daar een belangrijke rol speelt,[43] heeft weinig weerklank gevonden in het Nieuwe Testament. De enige reminiscentie is Rom 8,32: 'Hij (God) heeft zelfs zijn eigen Zoon niet gespaard' (vgl. Gen 22,16). Dat komt waarschijnlijk, omdat de joodse traditie het offer van

Abraham als diens belangrijkste *daad* zag:
'Is onze vader Abraham niet gerechtvaardigd om zijn daden, omdat hij zijn zoon Isaak op het altaar ten offer bracht?' (Jak 2,21). Voor Paulus, die allergisch is voor 'goede werken', kan dit een reden geweest zijn een spaarzaam gebruik te maken van deze tekst. Maar het feit, dat ook de evangelies deze zo voor de hand liggende parallel met de dood van Jezus niet gezien hebben, is daarmee niet voldoende verklaard. Had Jezus de verzoenende waarde van zijn lijden gezien, dan zou Hij zijn leerlingen ongetwijfeld daarover hebben ingelicht. Dan had het kruis zijn raadselachtig karakter verloren zowel voor Hemzelf als voor de leerlingen. Maar dan zou Hij nooit solidair geworden zijn met die miljoenen die lijden en niet weten waarom. Dan was Hij niet één van die miljoenen geweest, die in doodsnood vragen: 'Waar blijft God?' (vgl. Mc 15,34).

22. HET MESSIAANSE GEHEIM
Vijfentwintigste zondag door het jaar

Lezingen: Wijsh 2,12.17-20; Jak 3,16-4,3; Mc 9,30-37

De perikoop van deze zondag valt duidelijk in twee delen uiteen. De thematiek van beide delen is heel verschillend. Ofschoon de evangelist met deze compositie wel degelijk een bepaalde contrastwerking op het oog had, zoals we later nog zullen zien, zal de predikant een keuze moeten maken: in de korte tijd die hem ter beschikking staat, zal hij niet beide thematieken kunnen behandelen. Ik leg in de inleiding het hoofdaccent op het eerste deel (Mc 9,30-32), omdat dit sterke contacten heeft met de lezing uit het Oude Testament, terwijl het tweede deel meer aansluit bij de tweede lezing. In veel kerken wordt deze lezing weggelaten. Men zou voor de afwisseling ook eens de eerste lezing kunnen laten vervallen, indien men kiest voor het tweede thema.

Het inleidende vers 30 reikt reeds diverse thema's aan. 'Ze gingen daar weg'. Met dit 'daar' is het huis in 9,28 bedoeld, waarin ze in v. 33 terugkeren en van waaruit ze in 10,1 weer vertrekken. Dit in- en uitgaan verbindt niet alleen de losse perikopen tot één geheel. Het huis is bij Marcus de plaats voor het privé-onderricht van de leerlingen (vgl. 7,17). Vanaf 8,31 begint Jezus zijn leerlingen afzonderlijk te leren. Inhoud van deze instructies is het lijden van de Mensenzoon: 'Wat staat er geschreven over de Mensenzoon? Dat Hij veel zal lijden en veracht zal worden' (9,12; vgl. 14,21.41). Op de betekenis van dit geheime onderricht, dat een belangrijke rol speelt in het evangelie van Marcus, komen we later terug.

De tocht *door Galilea* is een onderdeel van de weg naar Jeruzalem, waar Jezus zal sterven. Vanuit het noordelijke Caesarea van Filippus (8,27) gaat Hij via Galilea en Perea naar het gebied van Judea (10,1). 'Wij gaan nu naar Jeruzalem waar de Mensenzoon aan de hogepriesters en schriftgeleerden zal worden overgeleverd' (10,32v). Terwijl echter het Overjordaanse een dunbevolkt gebied was, waar Jezus zich gemakkelijk kon terugtrekken, kon Hij in Galilea — en zeker in Kafarnaüm, waar Hij 'thuis' was (2,1) — niet verborgen blijven. Vandaar de nadrukkelijke opmerking, dat niemand mocht weten, dat Hij thuis was. Dit zich terugtrekken hangt uiteraard samen met het geheime onderricht.

Even veelzeggend als het begin van dit onderdeel is het slot: 'Zij begrepen dit woord (zo letterlijk!) niet, maar durfden Hem niet te ondervragen'. Ook dit is een vast onderdeel van de lijdensvoorspellingen.
Na de eerste profetie neemt Petrus Jezus terzijde en valt fel tegen Hem uit (8,32). Na de verheerlijking vragen de leerlingen zich opnieuw af, wat dat opstaan uit de doden mocht betekenen (9,10). Jezus' bittere klacht over het 'ongelovig geslacht' in 9,19 slaat zonder twijfel ook op de leerlingen. Voegen we aan dit onbegrip van de leerlingen nog het verbod om er met anderen over te spreken toe (bv,. 8,30; 9,9), dan hebben we alle ingrediënten bij elkaar van wat in de vaktaal het 'Messiasgeheim' in het evangelie van Marcus heet.

Het is geen geringe opgave dit vraagstuk binnen het bestek van één preek te behandelen! Maar we kunnen er ook niet omheen, want de vragen die Marcus hier probeert te beantwoorden, zijn ook de vragen van ons gehoor. De kernvraag van toen èn van nu luidt: Hoe kan God een rechtvaardige, *zijn* rechtvaardige bij uitstek, prijsgeven? Want dit staat vast: achter het passivum divinum (goddelijk passief) 'overgeleverd worden' gaat de onuitsprekelijke naam schuil. De 'Rechtvaardige' (Hand 3,14; 7,52), die het opnam voor God, wordt door God zelf verlaten (Mc 15,34). De rechtvaardige wéét dat God met hem is, dat de Heer hem draagt. Dat is de vaste overtuiging van de Joodse mens. De Messias, Gods rechtvaardige, zal het opnemen voor de 'armsten des volks' (Ps 72,4). Dat die Messias zelf door goddelozen aan het kruis zal worden genageld, kan een Jood niet aanvaarden. Daarmee zou hij zijn messiaanse hoop, zijn hunkering naar gerechtigheid, ja zelfs zijn eigen identiteit prijsgeven.

Voor de eerste christenen, zelf Joden, was dit raadsel even schrijnend. Maar de uitstraling die van de persoonlijkheid van de Man van Nazareth uitging, was zó groot, dat zij ondanks dit alles voor Hem gekozen hebben. Welnu, ieder die kiest, laat iets achter dat hem dierbaar is (anders is het geen keuze in de volle zin des woords). Daardoor ontstaat in zijn denkwereld een dissonant zoals de psychologen het uitdrukken. Hij probeert die dissonant op te lossen of tot zwijgen te brengen, want een mens wil nu eenmaal harmonie in zijn denken. Zonder beelden uitgedrukt: de profetieën van de messiaanse Koning werden vervangen door de voorspellingen over de lijdende Rechtvaardige. In dit licht moet men de lijdensvoorspellingen in het evangelie zien. Het *moest* zo gebeuren! Het duidelijkst is in dit opzicht Lucas: 'Moest de Messias dat alles niet lijden om in zijn glorie binnen te gaan? Beginnend met Mozes verklaarde Hij hun uit *al* de profeten, wat in *al* de Schriften op Hem betrekking had' (Lc 24,26v).

Ik wil hiermee niet beweren, dat Jezus zijn dood niet voorzien heeft. Daarvoor hoefde Hij niet eens een profeet te zijn! Het raadselachtige woord 'De Mensenzoon wordt overgeleverd in mensenhanden' draagt alle kenmerken van een echt Jezus-woord. Maar evenzeer is duidelijk, dat de verdere concretisering, zoals die met name in Mc 10,33-34 staat, uit latere tijd stamt. Het is evident, dat deze gedachte (het was allemaal voorspeld) de disharmonie waarover we hierboven spraken, voor een deel ophief.

Maar tegelijk schiepen deze voorspellingen een nieuw probleem. Als het sterven en verrijzen van de Messias zó duidelijk bij alle profeten te lezen valt, waarom hebben de Joden daar dan overheen gelezen? Daarop antwoordt men met het thema van de verstoktheid: 'ze kijken wel, maar zien niet, horen wel maar verstaan niet' (Mc 4,12). Tegelijk krijgen de leerlingen het spreekverbod: zij mogen niet vertellen dat zij in Jezus de Messias hebben herkend (Mc 8,30; 9,9).

Maar hierdoor ontstaat weer een nieuw probleem: àls de leerlingen zo precies wisten, wat er gebeuren ging en met name dat na drie dagen alles weer goed zou komen, waarom hebben ze Hem dan allen in de steek gelaten (Mc 14,50)? Op deze vraag geeft v. 32 het antwoord: ze begrepen het niet en durfden ook niet om uitleg te vragen. Al met al komt het dus hier op neer: de verblinding en de verstoktheid die men de Joden verwijt, is in werkelijkheid de vrijwillige blindheid van de christenen, die hun ogen sluiten voor de *niet* vervulde profetieën (liefde maakt blind!). Positief vertaald: de indruk die Jezus gemaakt heeft, moet zo overweldigend geweest zijn en de liefde die Hij wekte zo intens, dat geen enkel argument van Joodse zijde, hoe redelijk ook, hun geloof aan het wankelen kon brengen. En op dat geloof gaat tenslotte ons geloof terug.

Tenslotte nog een paar suggesties voor een preek over het tweede deel van onze perikoop (9,33-37). Zoals al werd opgemerkt, heeft Marcus dit hier geplaatst vanwege de contrastwerking. Na elke lijdensvoorspelling volgt een episode waaruit blijkt, dat de leerlingen er niets van begrepen hebben. (vgl. 8,33 en 10,35 vv). Tegenover de Mensenzoon die zich vernedert staan de leerlingen die zich verheffen. De verzen 36-37 sluiten slecht aan. Je zou hier eerder 10,15 verwachten: 'Wie het Koninkrijk Gods niet aanneemt als een kind, zal er zeker niet binnengaan'. Dit blijkt ook uit het opschrift van de KBS-Bijbel boven deze perikoop: 'Wordt als kinderen'. Omgekeerd past 9,37 beter na 10,14. Sommige exegeten vermoeden dan ook, dat beide verzen in de periode van de mondelinge overlevering verwisseld zijn.[44] Dit lijkt mij niet zo aannemelijk. En zelfs wanneer dit het geval was zou Marcus echt wel in staat zijn geweest de fout te herstellen. Het is duidelijk, dat de kinderen hier het symbool zijn van kleine, onmachtige mensen. Dit blijkt bv reeds uit v. 42, waar sprake is van kleine gelovigen. Dit beeld is zo algemeen geworden in de kerk, dat het verwisselbaar werd. Zij vormden zo'n grote meerderheid in de kerk, dat ze in v. 35 'allen' worden genoemd. Wie meent in de kerk iets te betekenen, moet de dienaar van deze kleinen worden.

23. 'ALS UW OOG U ERGERT'
Zesentwintigste zondag door het jaar

Lezingen: Num 11,25-29; Jak 5,1-6; Mc 9,38-48

De liturgische lezing van deze week sluit onmiddellijk aan op die van vorige zondag (9,30-37). Men doet er dus goed aan die er nog even bij te halen, want vanaf v.33 vormt die één geheel met de lezing van vandaag. We betrekken de vv. 33-37 dan ook bij de uitleg.

Het hele stuk is opgebouwd volgens het princiep van de trefwoordentechniek. In de eerste helft 33-41 staat 'in mijn naam' als verbindingswoord, als de draad die de kralen bijeenhoudt (vgl. v.37.38.39.40). De KBS-vertaling laat dit laatste weg; letterlijk staat er: 'in de naam, omdat gij van Christus zijt'. De NBG vertaalt: 'in de naam van Christus, omdat gij van Hem zijt'. Het trefwoord van het tweede deel komt eveneens vier keer voor. Het luidt 'ergeren, verleiden, aanleiding tot zonde geven' (v.42.43.45.47). Letterlijk staat er 'voor iemand tot struikelblok, steen des aanstoots (skandalon) zijn'. De verzen 44 en 46, die in de betere handschriften en in de meeste uitgaven worden weggelaten, herhalen het refrein van v. 48: 'waar hun worm niet sterft en het vuur niet gedoofd wordt'. De resterende twee verzen (49v) die de liturgie weglaat, worden bijeengehouden door de trefwoorden 'vuur' en 'zout'.

Het gebruik van trefwoorden dient als geheugensteuntje. De spreuken zijn bedoeld om gememoriseerd te worden. Dat wijst al op een kerkelijke situatie. Hoewel Jezus zich vanaf 8,27 inderdaad bezig houdt met de instructie van de leerlingen, wat dus een vergelijkbare situatie is, wijzen toch diverse details erop, dat we hier te maken hebben met een stukje catechese uit een latere periode. Waarbij natuurlijk niet gezegd wil zijn, dat de woorden, minstens voor een deel, niet van Jezus stammen. Integendeel, wanneer zich in de kerk een nieuwe situatie voordeed, dan stelde men zich de vraag: hoe zou Jezus dit opgelost hebben ? En dan paste men zijn woorden aan de nieuwe situatie aan. Zo is v.40 waarschijnlijk de omkering van het woord van Jezus: 'Wie niet met Mij is, is tegen Mij' (Mt 12,30; Lc 11,23). Jezus brengt een nieuwe boodschap. Wie die niet aanneemt is tegen Hem. De christenen leven temidden van een vijandige wereld. Wie hen daar met rust laat, niet tegen hen is, wordt al een medestander.

Wat wijst nu op een latere, kerkelijke situatie? Op de eerste plaats de formulering 'omdat gij van Christus zijt', wat in de mond van Jezus wel heel vreemd klinkt. Dit vers 41 luidt bij Mt 10,42: 'Wie een van deze kleinen, al was het maar een beker koud water geeft, omdat hij mijn leerling is (letterlijk: 'in de naam van leerling')'. Twee dingen vallen hier op: 'van Christus' is hetzelfde als 'leerling' en betekent dus gewoon 'christen'. En op de tweede plaats: 'deze kleinen', die dezelfde zijn als 'de kleinen die geloven' in v.42, wordt veranderd in 'U' bij Marcus, waardoor de gelovigen direct worden aangesproken. Vervolgens valt het gebruik van het futuur op in de vv. 39: 'want iemand die een wonder *zal* doen in mijn Naam, *zal...'* (zo letterlijk vertaald). Daaruit blijkt, dat men de historische situatie verplaatst heeft naar de toekomst. Ook v.38 (die *ons* niet volgt) wijst in deze richting. Kortom, het 'huis' van v.33 is de huiskerk geworden en het gaat hier om huisregels voor de gemeente.

Bekijken we de structuur van het geheel nog wat nauwkeuriger, dan blijkt de spil waar het om draait tussen de v.v.41 en 42 te liggen. In 41 gaat het om loon en in het volgende vers om straf. De tegenstelling is enorm: aan de ene kant staat een glas water, het minste wat men iemand geven kan, en aan de andere kant een molensteen. En geen gewone steen van de handmolen, maar een ezelsmolensteen, van een zware molen dus, die door een ezel getrokken moest worden. Maar deze verzen zijn ook nog in een ander opzicht de spil waar het geheel om draait. In v.41 zijn de kleinen, die achter het voornaamwoord 'U' schuilgaan, de kerkmensen. Degenen die hun een dienst bewijzen zijn buitenstaanders, die niet bij 'ons' horen (v.38). Maar in het tweede deel zijn de aangesprokenen mensen binnen de kerk en daar kunnen de 'kleinen' alleen maar een groep binnen de kerk zijn. Kort samen gevat krijgen we het volgende beeld. Mensen die niet tot de kerk behoren, maar wel geboeid zijn door de figuur van Jezus (in zijn naam) of die uit puur humane motieven arme christenen bijstaan, kunnen op een grootmoedige beloning rekenen. Omgekeerd: mensen binnen de kerk, die zwakke broeders ergernis geven, wacht een zware straf.

Over welke kerkelijke problemen gaat het nu? Het eerste is dat van de niet-christelijke exorcist, die in de naam van Jezus duivels uitdrijft. We treffen zo'n geval aan in Hand 19,13-16, maar dat loopt voor de duivelbezweerders verkeerd af. Een beter voorbeeld is 1Kor 12,3: 'Ik verzeker u, aldus Paulus, iemand die zegt 'Jezus is vervloekt' kan niet de Geest bezitten; en niemand kan zeggen 'Jezus is de Heer', tenzij door de Geest'. Het stukje staat aan het begin van een lange beschouwing over de gaven van de H. Geest. De Korintiërs hebben waarschijnlijk aan Paulus dezelfde vraag voorgelegd als die welke Johannes aan Jezus stelt. En het antwoord van Jezus is ook gelijk: je kunt niet tegelijk in Jezus' naam goed doen nl. door in zijn naam iemand te zegenen (bene-dicere) en Hem vervloeken (male-dicere). De vertaling 'ongunstig over Mij spreken' is te zwak, de bedoeling is, juist als in 1Kor 12,3, Hem vervloeken.

Het geval lijkt weinig actueel, maar de lezing uit het O.T. (Num 11,25-29) wijst ons de weg. Het gaat om twee van de zeventig ouderlingen, Eldad en Medad, die niet naar de tabernakeltent zijn gekomen voor hun officiële installatie. Zij zijn dus niet 'gewijd', zouden wij zeggen. Maar desondanks blijken zij toch profetische gaven te bezitten, want de Geest is niet gebonden aan menselijke instellingen. Er is weinig fantasie voor nodig om daarin een parallel met de situatie van de niet gewijde pastores te zien. Ook hier geeft Paulus een duidelijk antwoord. Ook hij krijgt te horen, dat hij geen apostel is omdat Hij niet door de Heer is aangesteld. Zijn antwoord is: 'Heb ik Jezus, onze Heer, niet gezien?' Maar hij ziet heel goed in, dat dit alleen een argument voor hemzelf is. Want iedereen kan wel beweren, dat hij een visioen gehad heeft. Daarom gaat hij voort: 'Zijt gij niet mijn werk in de Heer... gij zijt in de Heer het zegel op mijn apostelschap' (1Kor 9,lv). Het 'priesterlijk' merkteken is voor hem op de eerste plaats de gemeente en het werk dat hij doet.

De tweede situatie, die van v. 42-48, is moeilijker te reconstrueren. Vooral omdat het object verschuift van anderen (de kleinen) ergeren naar zelf geërgerd worden door hand, voet of oog. Matteüs past de woorden toe op de echtbreuk en daarom laat hij de voet maar weg (Mt 5, 27-30). Hij doet dit op grond van de radicale uitspraak van Jezus; 'Alwie naar een vrouw *kijkt* om haar te begeren (d.w.z. in bezit nemen)'. Maar dat is beslist niet de oorspronkelijke situatie.

Veel exegeten, waaronder bv. van Iersel, denken aan de situatie van de vervolgingen.[45] Christenen werden bv. gedwongen wierook te strooien voor het beeld van de keizer. Maar waar blijven we dan met de voet en het oog? Ik meen de oplossing te moeten zoeken in de parallel met Mt 25,31-46, dat prachtige schilderij van het laatste oordeel. Ook daar gaat het in de eerste helft over mensen die de kleinen 'de geringsten van mijn broeders' goed doen zonder expliciet christelijke motieven. Dit blijkt uit de vraag: 'Heer, wanneer hebben wij U hongerig gezien ?' en in de tweede helft gaat het over mensen die hadden kunnen weten, dat de Heer schuil gaat achter deze kleinen (anders zouden ze immers niet gestraft mogen worden).

De verbinding van het kernvers 41 met het voorafgaande is tamelijk los. Datzelfde geldt waarschijnlijk ook voor v.42 met wat er op volgt. De felle bedreiging in dit vers wordt door Marcus uitgebreid met een reeks dreigementen uit een andere samenhang. Aan specifieke handelingen van hand, voet of oog hoeven we niet te denken. De concrete aanleiding zal wel gelegen hebben in situaties zoals Paulus beschrijft in 1Kor 8,1-13; 10,23-33 en Rom 14,13-23. Zij laten zich gemakkelijk vertalen in moderne problemen.

24. 'WAT GOD VERBONDEN HEEFT'
Zevenentwintigste zondag door het jaar

Lezingen: Gen 2,18-24; Hebr 2,9-11; Mc 10,2-16 (of 2-12)

Bij de behandeling van de perikoop over de onverbreekbaarheid van het huwelijk in het evangelie van Marcus, is een vergelijking met Mt 19,3-12 onvermijdelijk naar het ons voorkomt. Weliswaar mag men de toehoorders niet met een dergelijk onderzoek vermoeien, maar zijdelings moet men Matteüs er welhaast bij betrekken, omdat diens versie nu eenmaal meer algemeen bekend is. De onderlinge verhouding tussen Matteüs en Marcus is echter in dit geval een omstreden punt. Het schema van Marcus doet oorspronkelijker aan. Het is een typisch voorbeeld van de rabbijnse leer-techniek en een plastische beschrijving daarvan zou zich goed lenen als uitgangspunt voor de preek. De gang van zaken was als volgt. Gewoonlijk liep de leraar voorop en de leerlingen volgden hem in ganzenmars op de smalle paadjes (vandaar de herhaalde oproep om Jezus te volgen, d.w.z. zijn leerling te worden). Kwam zo'n schooltje een rivaal tegen, dan stelde de ene rabbi aan de ander een strikvraag: wat is het grootste gebod ? mag je aan de keizer schatting betalen ? Daarop leverden de twee kemphanen een spiegelgevecht, waarbij het vooral op het gebruik van de Schrift aankwam. Thuisgekomen 'evalueerde' de meester het gevecht en dan volgde de eigenlijke les.

Marcus heeft dit schema intact gelaten (vgl. 10,10), zoals ook in 7,17. Dat wijst dus op een oorspronkelijkere versie dan die welke we bij Matteüs aantreffen, waar het debat overgaat in een gesprek over de onhuwbaarheid, dat weinig met het voorafgaande te maken heeft. Maar van de andere kant is het ook duidelijk, dat Marcus de 'les' aanpast aan zijn situatie. Dat een vrouw haar man verlaat (v. 12), kan volgens het Romeinse recht wèl, maar naar joodse begrippen is dit volslagen onmogelijk. Bovendien zegt Marcus, dat de Farizeeën Jezus op de proef wilden stellen (v. 2), maar de eigenlijke strikvraag vermeldt hij niet. Die vinden we weer wel bij Matteüs: 'Staat het een man vrij zijn vrouw te verstoten om welke reden dan ook ?' (19,3). In deze laatste woorden schuilt de strikvraag. Het ging nl. over de uitleg van Deut 24,1: 'Als iemand een vrouw genomen en gehuwd heeft en hij houdt niet meer van haar, omdat hij iets onbehoorlijks aan haar ontdekt heeft, dan...' (dit 'onbehoorlijke' is waarschijnlijk een eufemisme voor een geslachtsziekte). Juist omdat de tekst de zaak in het vage laat, leende hij zich voor alle mogelijke interpretaties. De strenge opvatting verstond er overspel onder, terwijl het voor de meest lakse voldoende was als de vrouw het eten een keer had laten aanbranden. Men wil van Jezus dus een uitspraak in deze netelige kwestie. Zoals gewoonlijk antwoordt Hij echter niet met partij te kiezen, maar door beide partijen in het ongelijk te stellen. De Wet van Mozes wil alleen zeggen: als iemand zijn vrouw weggestuurd heeft en zij trouwt met een ander, dan kan de eerste man, indien de tweede haar ook wegstuurt, haar niet meer terugnemen. Het huwelijk is geen stuivertje-wisselen ! Maar daarmee is nog niet gezegd, dat de Wet van Mozes de echtscheiding zelf goedkeurt. Ze gaat eenvoudig uit van het feit dat deze dingen gebeuren, maar het zou eigenlijk niet voor moeten komen.

Wat de vraagstelling betreft, is Matteüs dus zeker juister. Marcus heeft deze weggelaten, omdat zijn lezers van deze typische rabbijnse twistvraag niet op de hoogte waren. Van de andere kant is op te merken, dat Matteüs hier (19,9) en in de

Bergrede (5,32) een restrictie toevoegt, die niet van Jezus zelf afkomstig is maar betrekking heeft op een later kerkelijk probleem, nl. 'Wie zijn vrouw verstoot, *behalve in geval van ontucht...'* Diverse christelijke kerken hebben uit deze clausule de conclusie getrokken, dat echtscheiding geoorloofd is, wanneer echtbreuk bewezen zou zijn. Maar dan zou Jezus met zijn eigen woorden in tegenspraak komen. Bovendien heeft de tekst niet 'echtbreuk', zoals even later, maar 'ontucht'. Recente onderzoekingen hebben uitgewezen, dat het Aramese woord dat daarachter zit, een onwettige samenleving aanduidt. De bewerker van het Matteüs-evangelie is een typische wetgeleerde, die in alle eventualiteiten wil voorzien. Hij schrijft dus eigenlijk: behalve natuurlijk, wanneer later blijkt dat er helemaal geen huwelijk geweest is! En dergelijke gevallen waren in zijn tijd niet zo denkbeeldig. De christenen hebben nl. de joodse bepalingen omtrent bloed- en aanverwantschap overgenomen, en deze wetten gingen veel verder dan bij Grieken en Romeinen het geval was. Zo kon het dus gebeuren, dat iemand als heiden geldig gehuwd was, maar bij zijn overgang tot het christendom plotseling ongeldig getrouwd bleek en over de puthaak leefde.

We zijn op deze problematiek wat nader ingegaan, omdat de huwelijkswetgeving vandaag de dag opnieuw een heet hangijzer is geworden. Men kan uit dit stukje 'Formgeschichte', hoe tijdgebonden het ook is, een aantal belangrijke en meer algemene conclusies trekken. De eerste is wel deze: men moet in deze kwestie niet te gauw met 'goddelijke wetten' of met 'natuurwet' schermen. De huwelijkswetten worden in Lev 18 van het begin tot het eind als goddelijke wetten aangediend: 'En God sprak tot Mozes: Spreek tot de Israëlieten en zeg tot hen: Ik ben Jahwe, uw God... Mijn verordeningen zult gij volbrengen en mijn inzettingen in acht nemen en daarnaar wandelen, Ik ben Jahweh, uw God' (Lev 18,1-4). Desondanks heeft de kerk in de loop der eeuwen de bepalingen omtrent de verboden graden steeds verder gereduceerd. Ik zal de laatste zijn om het goed recht daarvan te bestrijden. Ik heb er daarentegen meer moeite mee, dat de kerk in andere gevallen een wet handhaaft omdat dit nu eenmaal een goddelijke wet is of, sterker nog, omdat zijzelf dit ooit in het verleden zo bepaald heeft.

De kwestie is actueel in verband met de nieuwere praktijk hier te lande inzake de echtscheiding. Het standpunt van Rome is bekend: de eenheid van het huwelijk is goddelijk ('wat God verbonden heeft'). Wat is het argument van Jezus voor de onverbreekbaarheid van het huwelijk? Hij zegt het met een Schriftwoord: 'Deze twee zullen één vlees zijn,' d.w.z. zij zijn *één persoon* geworden. Dit is echter dezelfde overweging als op grond waarvan Leviticus een huwelijk tussen bloedverwanten verbiedt; in de eerlijke taal van het Oude Testament luidt het verbod bijvoorbeeld: 'De schaamte van uw broeders vrouw zult gij niet ontbloten, het is de schaamte van uw broeder' (Lev. 18, 16). Tegenwoordig dispenseert de kerk gemakkelijk in een huwelijk met de vrouw van een overleden broer. Voor de Bijbel was de eerste huwelijksband, ook over het graf heen, zó innig, dat *haar* lichaam *zijn* lichaam was en de nieuwe verbintenis dus bloedschande. Nu de mensheid dat niet meer zo voelt, is er geen reden meer om een huwelijk tussen een man en de weduwe van zijn broer te verbieden.

Maar een analoge ontwikkeling is er gaande ten aanzien van elk huwelijk. 'Ze zullen één vlees worden,' zegt de Schrift. Soms blijkt echter achteraf, dat deze personale eenheid nooit tot stand is gekomen. Vroeger vatte men dat 'één vlees worden' vrij lichamelijk op; waar het huwelijk 'nog niet lichamelijk voltrokken was', zoals dat heette, kon de kerk nog altijd dispenseren. Maar 'vlees' betekent in bijbelse taal de mens in zijn totaliteit, als persoon. Men moet dus zeggen dat de kerk *a fortiori* kan dispenseren, wanneer deze personale eenheid nooit tot stand is gekomen. Zo gezien, redeneerde de redacteur van het Matteüsevangelie nog niet zo vreemd, toen hij terloops opmerkte: 'behalve natuurlijk, wanneer later blijkt, dat er helemaal geen huwelijk (meer) is'. De orthodoxe kerk staat scheiding toe na echtbreuk, maar zij verzet zich tegen een tweede huwelijk omdat een waarachtige personale eenheid zelfs over de dood heen blijft bestaan. Dit getuigt in ieder geval van meer inzicht in het wezen van de mens dan een medisch onderzoek naar de lichamelijke toestand van de vrouw.

25. HET OOG VAN DE NAALD
Achtentwintigste zondag door het jaar

Lezingen: Wijsh 7,7-11; Hebr 4, 12-13; Mc 10, 17-30

Het 'crux interpretum' van de evangelie-perikoop is gelegen in vers 25, de spreuk over de kameel en het oog van de naald. Ook de samenstellers van de lezingen hebben daaraan gedacht, zoals blijkt uit de keuze van de eerste lezing (de tweede is doorlopend uit Hebr genomen en heeft geen samenhang met de twee overige). De predikant is overigens met dit steuntje weinig gebaat: dat vroomheid verkieslijker is dan rijkdom, zal hij aan zijn gehoor moeilijk kunnen verkopen.

Vroeger veronderstelde men, dat met het 'het oog van de naald' een nauwe stadspoort bedoeld was, een soort 'flessenhals' dus, waar een beladen kameel maar net door kon. Men wilde rijken toch nog wel een kansje geven, en tenslotte moest de predikant ook leven nietwaar? Die poort is echter bij mijn weten nooit gevonden en het zoeken er naar is even nutteloos als het zoeken van een speld in een hooiberg. Wie door het oog van de naald gekropen is bij een 'narrow escape', zal met het beeld als zodanig weinig moeite hebben. Maar daarmee is de moeilijkheid niet opgelost, dat het hier voor de rijken wel erg moeilijk gemaakt wordt om het Rijk Gods binnen te gaan. Natuurlijk is rijkdom een gevaar, maar armoede is het niet minder. Wie elke dag moet vechten voor het naakte bestaan, loopt evenzeer gevaar om hogere waarden uit het oog te verliezen als de man die uitgestrekte bezittingen moet beheren. De scheidingslijn tussen godsdienstig en ongodsdienstig valt niet samen met die tussen arm en rijk.

Toch hoeft men niet ver te zoeken om althans de richting te ontdekken waarin de oplossing te vinden is. Deze ligt in het volgende vers. De leerlingen vragen zich verbijsterd af: 'Wie kan dan nog gered worden?' Alsof heel Israël vol liep met rijkaards! Werkelijk rijken waren er toen, evengoed als nu, eigenlijk maar een paar. En het is niet aan te nemen, dat de apostelen zich met verbijstering afvragen wat er van die paar mensen worden moet. Bovendien denken wij mensen meestal het eerst aan ons eigen lot, en wat dat betreft hoeven de leerlingen zich geen zorgen te maken. Ze constateren even later met niet te miskennen zelfverzekerdheid: 'Zie, wij hebben alles prijsgegeven om U te volgen!' Voor hen is er dus geen vuiltje aan de lucht en, nogmaals, het is in deze situatie nauwelijks aan te nemen, dat ze zich zo druk maken om het lot van die paar rijken die ze kennen. Het woord van Jezus moet dus wel een andere, bredere teneur hebben.

Ook daar hoeven we niet lang naar te zoeken. Eén vers terug lezen we: 'Kinderen, wat is het moeilijk het Koninkrijk Gods binnen te gaan!' Deze uitspraak heeft een veel bredere strekking: het is zonder meer moeilijk voor de mens het Rijk Gods binnen te gaan. Nu is de verbijstering van de leerlingen volkomen begrijpelijk en even duidelijk is het antwoord van Jezus: voor de mens is dit inderdaad onmogelijk, uit eigen kracht kan hij dit nooit bereiken. De natuurlijke gravitatie van de mens is gericht op zichzelf. Hij kan pas uit de baan van zijn egocentriciteit geraken als een andere, sterkere kracht hem aantrekt.

Als we dit eenmaal weten, is het niet moeilijk de naad tussen de twee stukken, nl. de verzen 17-23 en 28-31, te ontdekken. In vers 24 lezen we: 'Daarom herhaalde Jezus...', en in vers 26: 'Toen waren ze nog meer verbijsterd.' Daarmee geeft de evangelist zelf al aan, dat hij deze twee verzen herhaalt om de passages aan elkaar te lassen. Bovendien verraden beide perikopen een duidelijke spanning. Immers, in vers 25 wordt rijkdom als een absoluut obstakel voor het binnengaan in het Rijk voorgesteld, maar in vers 30 lezen we, dat wie iets prijsgeeft omwille van het Rijk Gods, dit tijdens zijn leven nog honderdvoudig terugontvangt. Waarmee hij dan opnieuw in een onheilssituatie zou belanden! We zullen dus beide perikopen op zichzelf moeten beschouwen om vervolgens te bekijken hoe we er, met weglating van alle wetenschappelijke rompslomp, een voor de predikatie draaglijk geheel van kunnen maken.

Allereerst dus de rijke 'jongeman' (dat hij nog jong is, staat alleen in Mt 19, 20 en is afgeleid uit 'van mijn jeugd af'). Hij vraagt, hoe hij het eeuwig leven kan verwerven. Jezus noemt de voorwaarden, en daaraan voldoet hij volgens zijn eigen zeggen. Er bestaat geen enkele reden om aan de oprechtheid van zijn woorden te twijfelen. Jezus neemt hem in ieder geval au sérieux, want Hij kijkt hem liefdevol aan. Letterlijk staat er: 'Hij keek hem aan en beminde hem'; we zouden dus ook kunnen vertalen: 'Hij omhelsde hem.' Juist omdat het zo'n ideale mens is, zou Jezus hem graag meenemen op zijn tocht. Maar daar kan de man niet op ingaan, want hij heeft veel bezittingen en die kan hij niet zomaar in de steek laten. Hij vindt dat zelf ook verdrietig, staat er. Daarop volgt dan het omstreden woord van Jezus. De vraag is: welke versie is nu de oorspronkelijke: de meer algemene van vers 24, of die van vers 25 die toegespitst is op de rijke?

Eén ding is zeker: de vrijheid is voor Jezus een zeer groot goed, zó groot dat vrijheid en Rijk Gods voor Hem heel erg verwant zijn. Vrij zijn voor God, vrij zijn voor de medemens, dat is een noodzakelijke voorwaarde voor het Rijk. Daarom zegt Hij tegen deze man: Als je werkelijk een vrije mens wilt zijn, verkoop dan heel die rataplan en kom met Mij mee! Het is de man aan te zien, dat hij dit graag zou doen, maar hij heeft aan alle kanten bindingen en verplichtingen. Voor hem zou dit werkelijk het Rijk Gods geweest zijn, maar hij durft niet. In deze context zou het wel mogelijk zijn, dat Jezus gezegd heeft: 'Hoe moeilijk is het voor hen die geld hebben, het Koninkrijk van God binnen te gaan.' Want in feite is het bezit hier een beletsel. Maar hoe dan de verbazing van de leerlingen te verklaren (v. 24)? Het gaat toch om een volkomen duidelijke zaak? Maar hoe is dan de rest van vers 24 ontstaan? Het lijkt ons veel waarschijnlijker, dat Jezus zich algemeen heeft uitgedrukt: wat is het toch moeilijk allemaal! hier is nou een kerel, die naar alle kanten geschikt is voor de verkondiging van het Rijk Gods en nu is het weer dat verd... geld! Zo is er altijd wel iets. Als God niet zelf de mensen binnenhaalt in zijn Rijk, komen ze er nooit!

Het tweede stuk is een typisch navolgingswoord dat, zoals meestal in verband met de lijdensvoorspelling is overgeleverd (vgl. Mc 8, 31-38). Het vermelden van de vervolgingen wijst op een latere christelijke bewerking, evenals het 'honderdvoudige in deze tijd'. Wie in die eerste eeuwen christen werd, liep het risico door zijn familie uitgestoten te worden en zo alles te verliezen. Maar tegelijk werd hij opgenomen in een nieuwe familie, waardoor hij alles honderdvoudig terugkreeg. Dat is ook de gemeenschappelijke idee van beide stukken. Wie zichzelf weet vrij te maken van overdreven zorg voor het bestaan, zal ondervinden dat het leven zelf hem in het gelijk stelt. 'Want wie zijn leven (of zichzelf) wil redden, zal het verliezen; maar wie zijn leven verliest... zal het redden' (Mc 8,35).

De plaatsruimte ontbreekt hier om uiteen te zetten, waarom de latere kerk dit evangelie zo heeft toegespitst op materieel bezit. Kort gezegd komt het hierop neer. Jezus werkte vooral onder de plattelandsbevolking, die over het algemeen arm en in ieder geval niet rijk was. Rijken moest men in die tijd zoeken in de grote steden en die meed Jezus (zie nr. 15). Maar het christendom vond, met name door de verkondiging van Paulus, zijn uitbreiding vooral in de grote steden: Antiochië, Korinte, Rome. En al spoedig gingen ook de rijken deel uitmaken van de kerk. Zo werden armoede en rijkdom een kerkelijk probleem. Rijkdom als zodanig wordt dan niet meer veroordeeld maar alleen het onchristelijk gebruik ervan. Het 'zalig gij armen' van Lc 6,21 wordt dan 'zalig de armen van geest' (Mt 5,3) en armoede wordt een deugd (onthechting), die ook door rijken beoefend kan worden.

26. LOSPRIJS VOOR VELEN
Negenentwintigste zondag door het jaar

Lezingen: Jes 53, 10-11; Hebr 4, 14-16; Mc 10, 35-45

Uit de keuze van de eerste lezing blijkt, dat de samenstellers van deze mis-teksten het accent hebben willen leggen op de woorden die wij als motto kozen. In Jes 53, 10v is duidelijk sprake van het plaatsvervangend lijden: 'hun ongerechtigheden zal hij dragen.' Volgens deskundigen is Mc 10,45 echter nog meer verwant met het daarop volgende vers, dat merkwaardigerwijs niet is opgenomen: 'omdat hij zijn leven heeft uitgegoten in de dood.'

Men kent de satisfactie-theorie zoals deze door Sint Anselmus is ontwikkeld. Zij is nog altijd de officiële theologie van de katholieke kerk. De mens was door de erfzonde in staat van zonde geraakt. Hij kon zichzelf niet verlossen, evenmin als een horige zichzelf vrij kon kopen: al wat hij deed, was immers reeds voor zijn heer (dit beeld van de horigheid kiest Anselmus in plaats van de verouderde slavernij-symboliek). Er moet dus iemand komen, die zelf niet onderworpen is aan God. Vandaar de titel van zijn werkje *Cur Deus homo:* Waarom God mens moest worden.

Het grote bezwaar tegen deze theologie is, dat hier eigenlijk God bevrijd wordt, niet de mens. God is onderworpen aan een 'must', aan de blinde wet der gerechtigheid. Wij mensen kunnen altijd nog vergeven, God kan dat niet, Hij moet bloed eisen. Dit is m.i. de diepste reden waarom deze verlossingstheologie het niet meer doet. Nu mogen we uiteraard de verkondiging van het Evangelie niet aanpassan aan de smaak van de tijd. De vraag is echter, of Anselmus' theologie wel de zuivere bijbelse boodschap weergeeft. Na jaren van eerlijke Bijbelstudie ben ik zelf tot een ontkennend antwoord gekomen.

Ik ben tot deze conclusie gekomen via de studie van het boek Handelingen. Hoewel op dit punt nog steeds geen eenstemmigheid heerst (waar vindt men die wel in exegetische kwesties ?), ben ik van oordeel, dat de redevoeringen in dit boek, met name die van Petrus in het eerste deel, geen pure scheppingen zijn van de schrijver (Lucas), maar dat deze teruggaan op zeer oude preekschema's. Welnu, in deze preken vind je, met uitzondering van een terloopse opmerking in een preek van Paulus (Hand 20,28), geen spoor van een theologie over de verlossende kracht van het lijden. Maar zelfs als men deze preken als een schepping van Lucas uit het einde van de eerste eeuw beschouwt, dan nog staat men voor de vraag, waarom deze auteur geen antwoord geeft op de vraag naar het waarom van het lijden van Christus, terwijl dit antwoord volgens de gangbare theologie al lang bekend zou moeten zijn. Deze laatste veronderstelling is dus onjuist zoals uit het volgende blijkt.

Op de eerste plaats dient opgemerkt te worden dat de leer over de erfzonde, die toch de basis is van genoemde theologie, in het Evangelie volledig ontbreekt. Als Jezus gekomen was om ons te bevrijden van de erfzonde, als dit de kern van zijn zending was, dan had Hij dit toch wel met een enkel woord mogen zeggen. Ook figureert het thema van het plaatsvervangende lijden nauwelijks in zijn prediking. Mc 10, 45 en de paralleltekst Mt 20, 28 (Lukas laat dit vers weg) zijn de enige bewijsplaatsen: voorzeker een magere oogst voor een centrale geloofswaarheid. Nu krijgt deze enkele tekst wel meer gewicht, wanneer hij heel de gedachtenwereld van de lijdende Dienaar van Jahwe (Jes 53) zou oproepen, maar het is zeer de vraag of dit het geval is. Het merkwaardige is nl., dat de evangelisten en met name Matteüs wèl de liederen van de Dienaar van Jahwe (Jex 42-53) citeren, maar niet in verband met het lijden (b.v. Mt 12, 18-21 = Jes 42, 1-4). Het gaat in deze liederen trouwens niet op de eerste plaats over het lijden van deze Dienaar, maar over zijn verheerlijking. Zij zijn bedoeld als antwoord op de brandende vraag waarom

Israël, Gods geliefde zoon, door de heidenen vertrapt kan worden. Het antwoord: als Israël trouw blijft ondanks de vervolging, zal het 'nakomelingen zien en een lang leven hebben. 'Zo heeft de kerk deze liederen aanvankelijk ook verstaan, want 'Knecht Gods' was in de oude liturgie een koninklijke eretitel van Jezus, die pas verdwenen is bij de uitbreiding van het christendom in de Griekse wereld; voor de Grieken had het woord 'paîs' (slaaf) nl. een pejoratieve betekenis. Maar afgezien daarvan heeft Mc 10,45 zó weinig literaire affiniteit met Jes 53, dat het verband uiterst problematisch blijft.

Het beeld van de losprijs was heel bekend in de rabbijnse theologie. Aan strikte plaatsvervanging hoeft men daarbij niet te denken. Als iemand in het water springt om een medemens van de verdrinkingsdood te redden, zeggen wij ook, dat hij zijn leven heeft gegeven voor die ander. Maar plaatsvervanging is dit niet. Als de redder het er levend afbrengt, is het slachtoffer evengoed gered. In deze globale zin is het woord 'losprijs' hier bedoeld. Jezus heeft een boodschap, een zending. Hij blijft trouw aan deze zending, zelfs ten koste van zijn leven. Maar indien het Joodse volk Hem wel geaccepteerd had, waren wij evengoed verlost. Natuurlijk kreeg zijn boodschap door deze dood er een dimensie bij. Als Martin Luther King niet vermoord was, had zijn boodschap nooit zoveel gewicht gekregen. Maar men kan niet zeggen, dat die dood onherroepelijk nodig was.

De fout die Anselmus (en de latere theologie) gemaakt heeft is, dat hij allerlei beelden die van heel verschillende herkomst zijn, tot één mozaïek heeft verwerkt. De Bijbel spreekt over Gods liefde voor de mens in een veelheid van beelden, omdat geen enkel menselijk beeld de grootheid van die goddelijke liefde volledig kan weergeven. Maar elke menselijke beeldspraak is slechts in beperkte mate toepasselijk. Als de Bijbel zegt, dat God zijn volk verlost heeft (waarbij dan vooral gedacht is aan de bevrijding uit Egypte), dan wil dit niet zeggen, dat Hij aan de farao ook een losprijs betaald heeft. Integendeel: met sterke hand, met machtige arm heeft Hij Israël bevrijd, lezen wij steeds weer. Het accent ligt trouwens niet zozeer op de bevrijding als wel op het nieuwe leven: 'gij zult uit alle volken Mij ten eigendom zijn' (Ex 19, 5). Gaat men echter dit beeld van de bevrijding uit Egypte combineren met het beeld van de losprijs uit Mc 10, 45 en haalt men er dan ook nog de slavernij van de satan bij (Hand 26, 18), dan krijgt men het bizarre beeld van een God die het bloed van zijn Zoon moet betalen aan de satan. Tegenover deze onmogelijke voorstelling heeft Anselmus zijn nieuwe theologie van de horigheid aan God ontworpen. Het was een verbetering, maar au fond maakte hij dezelfde fout, door nl. beelden van een totaal verschillende herkomst met elkaar te verbinden.

Rest nog de vraag, wat dan wèl het verlossende moment is in het optreden van Jezus. Dat is vooral gelegen in de boodschap, 'dat God de zon laat opgaan over slechten en goeden en het laat regenen over rechtvaardigen en onrechtvaardigen' (Mt 5, 45). Jezus heeft dit verlossende woord (Hand 13, 26) niet alleen verkondigd, Hij heeft het vooral beleefd, door met de zondige en verschopte mens aan tafel te gaan zitten. Dit was voor de tijdgenoten een gebaar, dat niet misverstaan kon worden. Vandaar ook hun duidelijke conclusie: Hij lastert God, want als Hij de Messias is, dan maakt Hij God tot disgenoot van hoeren en tollenaars. 'Die man ontvangt zondaars en eet met hen' (Lc 15, 2). Daarom moest Hij geliquideerd worden.

En daarom is de eucharistische maaltijd tegelijk het symbool van verlossing, van aanvaarding door de genadigde God, èn de herinnering aan Jezus' dood. De maaltijd met de verrezen Heer is voor de leerlingen, die Hem verraden hebben en Hem altijd weer opnieuw zullen verraden, het symbool van vergeving en verlossing.

Er blijven uiteraard nog veel vragen over, die in dit korte bestek niet behandeld konden worden, met name de kwestie hoe de theologie van Paulus hier kan worden ingepast. We menen echter, dat in het bovenstaande voldoende preekstof zit, vooral wanneer men opbouwend te werk gaat en het accent niet legt op het slopen van de traditionele theologie.

27. UW GELOOF HEEFT U GENEZEN
Dertigste zondag door het jaar

Lezingen: Jer 31,7-9; Hebr 5,1-6; Mc 10,46-52

Wonderverhalen zijn moeilijk predikabel te maken, daarmee zal wel iedere predikant het eens zijn. De meest voor de hand liggende vraag waar het kerkvolk mee zit, betreft natuurlijk de historiciteit van de verhalen. In een geseculariseerde wereld wordt de vraag steeds dringender: kan God ingrijpen in deze wereld ? is er een invloed van die andere wereld op ons bestaan mogelijk ? En wanneer men die mogelijkheid ontkent, leidt dit dan niet onherroepelijk tot de uiteindelijke ontkenning van het bestaan van een hogere orde ? Men kan deze vragen bij de preek wel omzeilen, maar is dat eerlijk, als je weet dat zij bij het gehoor leven en als ook de predikant zelf er mee worstelt?

Toch is de vraag naar de historiciteit van de wonderverhalen nog de meest onschuldige. Er gebeuren nog steeds onverklaarbare dingen. Natuurlijk is het mogelijk en het ligt zelfs voor de hand, dat de traditie hier scheppend gewerkt heeft en het aantal en de omvang van de wonderen heeft aangedikt. Tweeduizend varkens (Mc 5,1-20 par.) is veel in een land waar het varken een onrein dier was; weliswaar gebeurde dit wonder buiten Palestina, maar het taboe was niet exclusief Joods, eerder algemeen Semitisch. Maar ook al heeft de traditie zeker creatief gewerkt: dat Jezus vele zieken genezen heeft, zal niemand ontkennen. Bovendien zijn de wonderverhalen dikwijls ten nauwste verbonden met details, die onmogelijk in het brein van een gelovige Jood konden opkomen: genezingen op de sabbat, aanraking van een melaatse, enz. De vrijmoedigheid waarmee Jezus ingaat tegen dingen die iedere gelovige Jood heilig waren, kan niet door 'generatio spontanea' ontstaan zijn. Maar daar ligt dan ook niet de voornaamste moeilijkheid.

Wezenlijk is voor de christen niet zozeer de vraag of er wonderen gebeurd zijn en of ze kunnen gebeuren. Veel pijnlijker is de vraag waarom ze *niet* gebeuren! Als de zaken zo simpel liggen als theologen het wel eens voorstellen, waarom komen er dan jaarlijks duizenden mensen om door allerlei natuurrampen: watersnood, droogte, aardbevingen, enz. ? Nemen we voor het gemak maar even aan, dat alle wonderverhalen uit het Evangelie zonder meer historisch zijn. Dan blijft de vraag nog altijd dezelfde zoals zij door Jezus' tijdgenoten werd gesteld: zijn daarmee de profetieën vervuld ? is dat de openbaarwording van Gods koninklijke macht over dood en zonde waarop Israël de eeuwen door gewacht heeft ? Gesteld dat Jezus inderdaad driemaal een dode ten leven heeft gewekt (die overigens alle drie toch weer gestorven zijn), is dan daarmee de dood overwonnen ? geeft ons dat het recht om uit te roepen: 'Dood, waar is uw overwinning ?' (1Kor 15,55). Ik heb altijd een beetje te doen met mensen die zich zo hevig inspannen om de historiciteit van de evangelische wonderverhalen te bewijzen. Mijn reactie daarop is veel meer: zo ja, wat dan nog?

Reeds Johannes heeft deze moeilijkheid in zijn evangelie aangevoeld. In het negende hoofdstuk vertelt hij ook de genezing van een blinde. Hij geeft alle bewijzen van echtheid die men zich maar wensen kan: de man is blind vanaf zijn geboorte, de ouders bevestigen het, enz. Maar tegelijk laat Sint Jan duidelijk blijken, dat het verhaal voor hem een dubbele bodem heeft. Waar het om gaat, is, dat Jezus het licht der wereld is (Joh 8,12): dàt betekent dit verhaal! Het is niet zo moeilijk deze gedachte verder uit te werken. Onze taal is vol uitdrukkingen en zegswijzen die duidelijk maken, dat er een vorm van blindheid is die veel erger is dan de lichamelijke handicap. Als iemand 'het niet meer ziet', heeft het leven voor hem geen zin meer. Als iemand 'er geen gat meer in ziet', is het leven voor hem een doodlopende weg geworden. Als we zo iemand helpen om zijn leven weer als zinvol te zien, als we hem weer moed geven, dan hebben we inderdaad 'grotere dingen' gedaan dan alleen maar een blinde genezen (vgl. Joh 14,12).

Het lijkt mij dat de predikant, zonder de wonderen te bagatelliseren, deze tekenwaarde van de wonderverhalen zal moeten onderstrepen. Hij bevrijdt daarmee zijn hoorders tegelijk van een krampachtig zich vastklampen aan de wonderen in een poging om het waagstuk van het geloof te reduceren tot een bewijsbare zaak. Het is merkwaardig hoeveel mensen er zijn, die menen dat het geloof daarmee staat of valt. Terwijl zij zich zonder garantie over durven te geven aan menselijke liefde, eisen ze van God een borgstelling in de vorm van een teken. 'Joden eisen wonderen' (1 Kor 1, 22), maar niet alleen Joden! 'Het farizeïsme vormt een bedreiging voor elke religie,' heeft Grossouw eens geschreven.[46] De mens die van God een teken eist om te kunnen geloven, is echter even farizeïsch als hij die zich door 'goede werken' een claim op het heil wil verschaffen. Menselijke liefde bezwijkt al aan die oermenselijke fout, dat we ons niet onvoorwaardelijk durven geven en altijd weer 'bewijzen' van liefde eisen. Hoe zou dan de liefde tot de Almachtige stand kunnen houden bij een dergelijke kruideniersmentaliteit (met excuses jegens de middenstand)?

Daarmee zijn natuurlijk niet alle problemen voor de predikant opgelost. Een grote handicap is, dat de wonderverhalen uit de aard der zaak bijna stereotiep verlopen (beschrijving van ziekte, vraag om genezing, woord of gebaar van de thaumaturg, reactie van de omstanders). Dat brengt mee, dat een preek over die verhalen welhaast noodzakelijk even stereotiep moet zijn. Wonderen zijn er ook niet in de eerste plaats om verteld te worden. Ze zijn allereerst een gebeuren en als gebeuren zijn ze voor wie het aangaat uiteraard uniek. En zo zou ook de preek zelf een *gebeuren* moeten zijn. Een 'wonder' waardoor mensen weer een goede kijk op het leven krijgen, weer vooruit kunnen, het leven weer de moeite waard gaan vinden.

Een grote moeilijkheid is nog, dat de predikant en zijn gehoor elkaar dikwijls slechts oppervlakkig kennen. Jezus kon geen wonderen doen wanneer er geen geloof was (6,5). Ook voor dit wonder is een zekere vertrouwensrelatie nodig. Maar de blinde Bartimeüs die Jezus nooit ontmoet heeft noemt Hem bij zijn naam. Hij geeft Hem zelfs een nieuwe naam, die we tot nog toe niet gehoord hebben: Zoon van David (vgl. 12,35-37). Daarmee geeft hij te kennen, dat deze Jezus voor hem de messiaanse koning is. En terwijl die andere blinde door gelovige mensen naar Jezus wordt gebracht (8,22) proberen ze hier hem van Jezus weg te houden. Ze zijn op weg om aan hun religieuze verplichtingen (het Paasfeest) te voldoen en wensen niet opgehouden te worden. Maar juist deze man laat Jezus roepen. En hij die eerst naast de weg zat, wordt nu een volgeling van Jezus op zijn weg, terwijl die andere naar huis werd gestuurd (8,26). De vreemdeling wordt een leerling, die tot Jezus 'mijn meester' (Rabboeni) mag zeggen. Het laatste genezingswonder bij Marcus verwijst naar het Johanneïsche woord: 'Wie in Mij gelooft, zal ook zelf de werken doen die Ik doe. Ja, grotere dan die zal hij doen' (Joh 14,12).

28. PALMLITURGIE

Lezingen: Mc 11,1-10 of Joh 12, 12-16

De afgrenzing van de liturgische perikoop is niet erg gelukkig. Weliswaar laat bv. ook de NBG-vertaling de perikoop eindigen met v. 10, maar dit lijkt toch niet de bedoeling van de evangelist te zijn. Marcus heeft een heel duidelijke indeling van de passieweek. In v. 11 lezen we dat Jezus uit Jeruzalem vertrekt en terugkeert naar Betanië. De volgende morgen, het is dan intussen maandag geworden, gaat Hij opnieuw van Betanië (v. 12) naar Jeruzalem (v. 15). In de avond verlaat Hij de stad (v. 19). Ditmaal wordt Betanië niet genoemd, maar ze komen de volgende morgen weer langs de vijgeboom, die Jezus de vorige dag vervloekt heeft (v. 21; vlg. 12-14). Ze nemen dus dezelfde weg. Die dag heeft Jezus meerdere discussies met diverse groeperingen in Jeruzalem (11,27-12,38). Ook deze dag verlaat Hij de stad weer, want de redevoering over de ondergang van de stad en de tempel houdt Hij op de helling van de Olijfberg, tegenover de stad (13,3). De avond van die dag (de dinsdag dus) wordt niet vermeld. Maar twee dagen vóór Pasen (woensdag) bevindt Hij zich in Betanië (14,3). Vandaar vertrekt Hij voor het laatst naar Jeruzalem om er het paasmaal te houden (14,12-31). Die avond keert Hij niet meer naar Betanië terug, omdat die plaats buiten het gebied van Jeruzalem lag en volgens de rabbijnse uitleg van Deut 16,7 was het verboden de stad na de Sedermaaltijd te verlaten. We mogen dus aannemen, dat Jezus na een eerste vluchtige bezoek aan de tempel (v. 11) naar Betanië is teruggekeerd. Het was trouwens de gewoonte van de pelgrims om bij aankomst in Jeruzalem eerst naar de tempel te gaan en vervolgens het logeeradres op te zoeken.[47] Mogelijk had Hij in de loop van de middag een kort bezoek gebracht aan Betanië (v.1) om kwartier te zoeken voor Hemzelf en zijn leerlingen. De naam Betanië omsluit de verzen 1-11 en dat is dus de beste afbakening van de perikoop.

Overigens levert Betanië in v.1 wel enige moeilijkheden op. Er staan in dat vers niet minder dan vier plaatsaanduidingen: 'En toen zij dicht bij Jeruzalem kwamen, bij Betfage en Betanië aan de Olijfberg...' Vooral Betfage en Betanië leveren moeilijkheden op. Betfage lag dichter bij Jeruzalem. Komende vanuit Jericho passeerde men dus eerst Betanië en dan pas Betfage. Matteüs heeft die moeilijkheid gezien en hij schrijft: 'Toen zij Jeruzalem naderden en de Olijfberg bestegen in de richting van Betfage...' (Mt 21,1). Sommige exegeten zijn van mening, dat Marcus niet goed op de hoogte was van de situatie, maar dat is een goedkope oplossing. En als de schrijver inderdaad Marcus van Hand 12,12 is, dan is die veronderstelling zelf zeer onaannemelijk. We zien in 10,1, dat Marcus eerst het reisdoel noemt, in dit geval Judea, en vervolgens de route (het Overjordaanse). Dat doet hij blijkbaar ook hier, want hij noemt eerst het reisdoel, Jeruzalem, en vervolgens de route nl. via Betanië bij de Olijfberg. Maar waarom noemt hij dan ook nog Betfage? Dit dorpje hoorde tot het gebied van Jeruzalem. We moeten dus lezen: 'Toen Hij Jeruzalem, d.w.z. Betfage, naderde via Betanië bij de Olijfberg...'

Dat zou dan betekenen, dat de intocht niet plaats had in Jeruzalem, maar in Betfage bij Jeruzalem. Dat klinkt heel revolutionair. We zijn zo gewend aan de verbinding 'de intocht in Jeruzalem', dat de NBG-vertaling, die de perikoop met v.10, dus vóór het bezoek aan Jeruzalem laat eindigen, dit toch boven de perikoop zet. De exegeet B. Hemelsoet gaat nog verder. Hij laat Jezus, gezeten op een ezelsveulen het heiligdom binnenrijden.[48] Inderdaad wordt nergens gezegd, dat Jezus afstapte. Maar als dat argument telde, zou Hij er nu nog zitten. Toch is er wel degelijk iets aan de hand met dit v. 11. Onze KBS-vertaling schrijft wel: 'Zo (dus zittend op de ezel) trok Hij Jeruzalem binnen'. Maar letterlijk staat er: 'En Hij kwam te Jeruzalem in de tempel'. Wat volgt is nog wonderlijker: 'na alles bekeken te hebben, ging Hij, omdat het intussen al laat geworden was, terug naar Betanië, met de twaalf. Het stuk eindigt met een volkomen anticlimax. Na de feestelijke intocht gaat Jezus als een doodgewone bezoeker de tempel bekijken!

Maar de intocht zoals wij ons die voorstellen, roept ook de nodige vragen op. De mensen strooiden groen dat ze van het veld geplukt hadden, op de weg, lezen we (v. 8). (De vertaling 'groene takken' leunt tegen Mt 21,8 aan). Waar lagen die velden in Jeruzalem? De grote vraag is echter: Lieten de Romeinen zo'n mensenmassa met een nieuwe kroonpretendent uit het huis van David zo maar toe in de stad? Met name rond de paasdagen heerste er altijd een gespannen sfeer in de stad. De Romeinen waren op zulke dagen bijzonder op hun hoede en zeker bij de stadspoorten zullen zij extra wachtposten geplaatst hebben. Waarom is er geen spoor van enig verzet? Er zijn mensen die daarom menen dat het hele verhaal een soort midrasj is op de profetie van Zach 9,9: 'Zie, uw Koning komt tot u, zachtmoedig en gezeten op een ezel, op een veulen, het jong van een lastdier'. Matteüs heeft deze profetie inderdaad heel letterlijk in vervulling doen gaan. Terwijl de profeet het over één dier heeft (een ezel, d.w.z. een veulen), schrijft hij: 'ge zult een ezelin vinden *met* een veulen' (Mt 21,2). De profetie heeft dus zeker het verhaal beïnvloed. Ook Marcus staat waarschijnlijk onder invloed van de profetie. De Griekse vertaling van Zach 9,9 schrijft 'gezeten op een *jong* veulen' en daarom heeft hij het over een veulen' waarop nog nooit iemand gezeten heeft' (*neos* betekent zowel 'jong' als 'nieuw'). Maar ook al heeft de profetie bepaalde onderdelen van het verhaal beïnvloed, daarom hoeft het hele verhaal nog niet verzonnen te zijn!

Er zijn echter nog meer vragen. Een rabbi op een ezel is een heel gewone verschijning en is beslist geen messiaans beeld.[49] Rabbi Jehosjua ben Lev, die omstreeks 250 na Chr. leefde, schrijft: 'als Israël het waardig is komt de Messias met de wolken (Dan 7,13); als het dat niet is komt de Messias arm en rijdend op een ezel'.[50] Hoe herkenden de mensen in Jezus dan de Messias? En waar komen al die mensen ineens vandaan? De meest waarschijnlijke oplossing lijkt mij de volgende. Jezus stuurt twee leerlingen naar het dorp dat tegenover hen ligt (v.2). Vanuit de boven beschreven situatie zegt Jezus dat in Betanië en kijkt Hij daarbij naar Betfage. De leerlingen lopen dus vooruit en keren met het ezeltje terug. In Betfage is echter het een en ander gebeurd. De mensen protesteren, als de twee het dier zo maar losmaken. Daarop zeggen de leerlingen volgens opdracht, dat de Heer het nodig heeft. Een koning had het recht eigendommen te vorderen (vgl. 1Sam 8,17). Bovendien zullen de leerlingen ongetwijfeld verteld hebben, dat Jezus precies gezegd had wat er zou gebeuren (de verzen 1-3 en 4-7 corresponderen letterlijk met elkaar). Volgens Justinus de Martelaar stond de ezel vastgebonden aan een wijnstok bij het huis (vgl. v.4: de woorden *ampelos* = wijnstok en *amfodos* = straat lijken veel op elkaar). Gen 49,11 zegt van de Messias, dat Hij zijn ezel aan de wijnstok zal binden en het jong van de ezelin aan de wingerd. Dat alles kan voor de inwoners van Betfage voldoende reden geweest zijn om met de leerlingen Jezus tegemoet te gaan en Hem als Messias in te halen. Onderweg hebben dan pelgrims zich aangesloten. Volgens Zach 14,4 zou de Messias op de Olijfberg verschijnen: 'Op die dag zal Hij zijn voeten op de Olijfberg zetten, die tegenover Jeruzalem ligt'. Daar eindigde dus de tocht. Plotseling lag de heilige stad voor Hem. Volgens Lc 19,41-44 brak Jezus in tranen uit en voorzag Hij het einde van de stad. Ik kan me nauwelijks voorstellen, dat Hij vervolgens triomfantelijk Jeruzalem binnengetrokken is. Eerder keerden de mensen zich teleurgesteld en in verwarring gebracht van Hem af en ging Hij alleen en te voet de stad binnen.

Wat ons vooral interesseert is natuurlijk de vraag: Wat bedoelde Jezus met dit alles? De hele enscenering van de tocht is een profetische handeling, een 'profetie metterdaad', zoals we er zovelen in het OT aantreffen. Maar het is geen triomfantelijk gebaar. Eerder is het een protestactie: Hij is niet gekomen om gediend te worden, maar om te dienen en zijn leven te geven als losprijs voor velen. De 'velen' die Hem als koning willen huldigen (vlg. 2Kon 9,13) hebben er niets van begrepen... Begrijpen wij het wel? Kees Pannekoek schrijft: 'Zou het vandaag gebeuren, hij liet zich niet vervoeren in een glanzend zwarte Mercedes noch in een witte pausmobiel met electrisch uitschuifbare treeplank. Hij zou komen op een roestige landbouwtrekker. Of op de laadbak van zo'n vrachtwagen waarmee Zuidamerikaanse landarbeiders naar hun werk worden gebracht. Zoiets'.[51] En waarschijnlijk zou Hij schreien over Rome.

29. HET GROOTSTE GEBOD
Eenendertigste zondag door het jaar

Lezingen: Deut 6,2-6; Hebr. 7,23-28; Mc 12,28-34

De lezing van vandaag maakt deel uit van een reeks gesprekken die Jezus op het tempelplein voerde met diverse groeperingen op de laatste dag die Hij daar doorbracht (vgl. v. 27). Het zwaartepunt van deze gesprekken ligt ongetwijfeld in 11,27-12,12. De gesprekspartners zijn de hogepriesters, schriftgeleerden en oudsten (v. 27), de drie groeperingen waaruit het sanhedrin, het hoogste joodse gezagsorgaan was samengesteld. Dat betekent niet, dat het hele sanhedrin hier tegenwoordig was. Waarschijnlijk ging het om de tempelcommissie, een afdeling van het sanhedrin die belast was met het toezicht houden op de tempel.[52] Aan het eind van dit gesprek verwijderen zij zich en laten Jezus met rust (v. 12).

De volgende gesprekspartners, enkelen uit de Farizeeën en de Herodianen, komen niet uit zichzelf maar worden gestuurd (13-17). De lezer van het Marcus-evangelie herinnert zich daarbij 3,6, de enige plaats waar de Herodianen nog genoemd worden. Daar wordt gezegd, dat zij plannen beramen om Jezus uit de weg te ruimen (vgl. nr. 10). Ongetwijfeld wil Marcus hiermee suggereren, dat dit einde nabij is. De volgende groepering die op het toneel verschijnt, is de partij van de Sadduceeën. De vraag over de verrijzenis heeft niets met de tempel te maken. In de voorafgaande perikopen speelde dit thema wel een rol: de vraag naar Jezus' bevoegdheid om daar op te treden; de hoeksteen van de nieuwe geestelijke tempel (12,10); en de belasting aan de keizer (naast de tempelbelasting). Maar na de verrijzenis van Jezus werd dit verband wèl gelegd, zoals blijkt uit Joh 2,22. De woorden van Jezus 'breekt deze tempel af en in drie dagen zal Ik hem doen herrijzen' (vgl. Mc 14,58;15,29) werden later in verband gebracht met de verrijzenis na drie dagen.

Hierna gaat het verhaal in een duidelijk decrescendo verder. De volgende passage, de lezing van vandaag, is meer een 'leergesprek' dan een strijdvraag zoals we hieronder zullen zien.[53] In de volgende perikoop stelt Jezus zelf de vraag (v. 35) en in de laatste (v. 38-40) gaat Hij tot de aanval over. Daarna verlaat Hij voorgoed de tempel (13,1) na nog even gekeken te hebben naar de binnenstromende pelgrims (v. 41-44).

De vraag naar het grootste gebod (28-34) vinden we in de drievoudige traditie maar met aanmerkelijke verschillen. Alle drie passages zijn opgenomen in de liturgie: Mt 22,34-40 (30e zondag van de A-cyclus) en Lc 10,25-37 (15e zondag van de C-cyclus). Het is dus zaak de verschillen goed te bekijken om de bedoeling van de afzonderlijke evangelisten te kunnen achterhalen. Bij Matteüs stelt een wetgeleerde van de Farizeeën de vraag en Jezus geeft het antwoord. Bij Lucas stelt een wetgeleerde de vraag naar het eeuwig leven en laat Jezus hem zelf antwoorden. Lucas doet dit om de wetgeleerde een wedervraag te kunnen laten stellen (wie is mijn naaste ?) als inleiding op de parabel van de barmhartige Samaritaan. Bij Marcus geven zowel Jezus als de schriftgeleerden het antwoord.

Belangrijker dan deze constatering is het verschil in de aard van het gesprek. Zowel bij Matteüs als bij Lucas stelt de wetgeleerde de vraag 'om Jezus op de proef te stellen'. Daarvan is bij Marcus geen sprake. De toon is heel vriendelijk: de schriftgeleerde prijst Jezus om het juiste antwoord en deze op zijn beurt verzekert de schriftgeleerde, dat hij niet ver van het koninkrijk Gods verwijderd is. Deze stijlfiguur, de litotes, heeft altijd een vriendelijke klank: dat heb je niet slecht gedaan, ik heb het wel eens slechter gezien, enz. Toch moet het gesprek, ook bij Marcus, oorspronkelijk het karakter van een strijdgesprek gehad hebben. Dat blijkt uit het slotvers: 'En niemand durfde Hem nog een vraag te stellen'. Het antwoord moet dus aanvankelijk een 'afdoend' karakter gehad hebben zoals bij Matteüs en in de andere twee strijdvragen over de belasting en de zoon van David (12,13-17 en 35-37).

Waarom heeft Marcus de toon milder gemaakt? Een vergelijking met Matteüs kan ons wellicht verder helpen. Bij deze evangelist worden de twee strikvragen gesteld door de Farizeeën (Mt. 22,15.34). Ook de tegenvraag van Jezus is gericht tot de Farizeeën (Mt. 22,41). De strafrede tegen de Farizeeën, die bij Marcus slechts drie verzen omvat (38-40), beslaat bij Matteüs een heel hoofdstuk (hfd. 23). Matteüs schreef zijn evangelie na de verwoesting van de tempel in het jaar 70. Met de ondergang van de tempel verdwenen ook de sadducese priesters, die nauw geliëerd waren aan de tempel, van het toneel en kwamen de Farizeeën aan de leiding. De anti-farizese tendens van Matteüs is dus in werkelijkheid een anti-joodse tendens. Tijdens de vrijheidsoorlog van 66-70 hadden de christenen zich afzijdig gehouden. Zij waren naar de bergen gevlucht (vgl. Mc 13,14). Vandaar dat de relatie tussen Joden en Christenen na 70 gaandeweg verslechterde. In werkelijkheid moet de relatie tussen Jezus en de Farizeeën goed geweest zijn. In de kwestie van de verrijzenis kiest Hij de kant van de Farizeeën (Mc 12,18-27; vgl. Hand 23,6-8). In het lijdensverhaal komen de Farizeeën niet voor, ook niet bij Matteüs. Ze worden alleen in Mt 27,62 nog eenmaal genoemd.

Toen Marcus zijn evangelie schreef was het gesprek tussen Joden en Christenen nog niet verstomd. Onze perikoop is een voorbeeld van een dergelijke discussie. Inzet is de paulinische leer over de Wet: 'Wie zijn naaste bemint, heeft de wet vervuld. Want de geboden: *gij zult niet echtbreken, niet doden, niet stelen, niet begeren,* en alle andere kan men samenvatten in dit ene woord: *Bemin uw naaste als Uzelf*' (Rom 13,8v; vgl. Gal 5,14). Een tweede punt was de tempeldienst. Daarover zegt de brief aan de Hebreeën: 'En door Jezus willen wij God voortdurend een lofoffer brengen, de hulde namelijk van lippen die zijn naam prijzen. Vergeet ook nooit elkaar goed te doen en te helpen, want dat zijn de offers die God behagen' (Hebr 13,15). Naastenliefde gaat boven offers en om dit te bewijzen beroept men zich op Hos 6,6: 'Ik wil liever barmhartigheid dan offers' (vgl. Mt 9,13;12,7).

De vraag naar het eerste gebod bestond ook in de joodse traditie. Niet dat men onderscheid maakte tussen zware en lichte geboden. Men doet dat hoogstens in verband met de strafmaat bij overtreding. Maar op zich zijn alle geboden, ook de kleinste, even belangrijk. De vraag heeft een meer didactische en pedagogische betekenis, nl. in welk gebod kan men alle andere samenvatten? Dat blijkt uit een verhaal over de grote wetgeleerde Hillel (20 v. Chr.). Een heiden zegt, dat hij Jood wil worden, als hij de hele wet kan leren in de tijd dat men op één been kan staan. Hillel antwoordt: 'Wat je zelf niet wilt, doe dat ook een ander niet aan. Dat is de hele Thora, de rest is uitleg' (vgl. Mt 7,12). Een andere beroemde geleerde die iets later leefde (Aqiba), antwoordt net als Jezus met Lev 19,18: 'Heb je naaste lief als jezelf'.

Een gelijkstelling van beide geboden, God beminnen en de naaste, komt in de vóór-christelijke bronnen niet voor. Het antwoord van Jezus ligt ook wel in de lijn van de joodse traditie maar is toch uniek. Het is dan ook op het eerste gezicht bevreemdend, dat Jezus de liefde tot God en tot de medemens op één lijn stelt. Natuurlijk kan niet bedoeld zijn, dat het voorwerp van de liefde, God en de mens, identiek zijn. Het antwoord op deze moeilijkheid geeft Lucas in de parabel van de barmhartige Samaritaan, die als antwoord op de vraag naar het eerste gebod te beschouwen is (Lc 10,25-37). De vraag, wie mijn naaste is, kan ik niet beantwoorden door mezelf in het middelpunt te plaatsen en vervolgens te kijken wie 'ten naastebij' is. Jezus draait de vraag om: wie is de naaste van die man? Hij is het middelpunt van de cirkel. Liefhebben betekent de ander (of de Andere) in het middelpunt van je leven te plaatsen.[54] En daarbij gaat het niet om affectieve liefde (dat zou onmogelijk zijn) maar om de daad. Niet voor niets voegt het evangelie aan het Schriftwoord 'met geheel uw verstand' toe.

Met deze beschouwing lijkt 'als uzelf' in het gebod der naastenliefde in tegenspraak te zijn. De ander en ikzelf kunnen niet tegelijk in het middelpunt staan. Maar dit 'als uzelf' kan onmogelijk een egocentrische betekenis hebben. We zullen de ander in al zijn gebrekkigheid en menselijke beperkingen echter pas kunnen aanvaarden wanneer we geleerd hebben onszelf te aanvaarden zoals we zijn: een mens vol tekorten en beperktheden. En dat laatste zullen we pas kunnen, wanneer we kunnen geloven, dat God ons aanvaard heeft. En dat heeft Jezus ons geleerd door zondige mensen te aanvaarden. Daarvoor is Hij de dood ingegaan.

30. HET PENNINGSKE VAN DE WEDUWE
Tweeëndertigste zondag door het jaar

Lezingen: 1Kon 17,10-16; Hebr 9,24-28; Mc 12,38-44

De eerste en derde lezing van deze zondag worden duidelijk verbonden door het thema 'weduwe'. Hetzelfde trefwoord verbindt ook de twee panelen van de evangelie-lezing. Van de schriftgeleerden wordt immers gezegd, dat zij de huizen der weduwen opslokken, terwijl ze voor de schijn lange gebeden verrichten (v. 40). Zij fungeren dus duidelijk als antitype. De beide stukjes maken deel uit van de gesprekken die Jezus op het tempelplein voerde. Deze zijn, zoals in de vorige inleiding werd opgemerkt, in een diminuendo gecomponeerd. De vraag over de Messias als Zoon van David (35-37) wordt bij Matteüs nog aan de schriftgeleerden gesteld, wat ook voor de hand ligt. Maar bij Marcus verdwijnen ze al enigermate uit het vizier. Blijkbaar wordt hier het volk aangesproken, maar er luistert nog slechts een deel (v. 37; vgl. 11,18). Hetzelfde geldt nog voor 38-40, ofschoon het gehoor daar niet vermeld wordt, want in v. 43 roept Jezus zijn leerlingen bij zich. In 13,3 is de kring van luisteraars nog verder geslonken. Alleen de vier eerstgeroepenen zijn nog bij Hem (vgl. 1,16-20).

Het eerste paneeltje is een waarschuwing tegen de schriftgeleerden in de trant van 8,15. Het maakt een sterk gecomprimeerde indruk. Dat blijkt niet alleen uit een vergelijking met Mt 23, maar ook uit de stijl van het stukje zelf. Als ik iemand waarschuw, dan doe ik dat omdat er een gevaar dreigt, dat de ander niet onderkent. Maar hier wordt gewaarschuwd tegen gedragingen die, althans voor een deel, duidelijk herkenbaar zijn als uitingen van hoogmoed, zoals zich laten groeten op de markt (wie gegroet wordt voordat hijzelf heeft gegroet is de hoger geplaatste), en het belust-zijn op de voornaamste plaatsen in de synagoog en bij de maaltijden. We moeten er dus iets vóór denken in de geest van v.40: 'die voor de schijn lange gebeden verrichten om daardoor...'

Het eerst vermelde feit 'die graag in gewaden (stolai) lopen', is nog raadselachtiger. Wat schuilt daar voor kwaad in? De vertalingen voegen er wel alle 'lang' aan toe, maar dat staat er jammer genoeg niet. Meestal denken de exegeten aan Mt 23,5: 'zij maken hun gebedsriemen (tefillien) breed en hun kwasten (zizit) groot'. Maar zo'n typisch joods gebruik zou Marcus zeker uitgelegd hebben voor zijn lezers zoals hij in 7,3-5 doet. Maar het woord *stola* kenden zijn lezers allemaal. Het was een ambtsgewaad of een kleed dat men op speciale dagen droeg. In het algemeen was het een deftig kleed. Zo draagt de engel bij het graf een witte stola (16,5). Wellicht kan het volgende vers ons verder helpen. De voornaamste plaats in de synagoog verwijst uiteraard naar de sabbat. Alleen dan had het zin in de eerste banken te zitten. De ereplaats bij de maaltijd duidt dan op het sabbatmaal, waarbij men graag een voorname gast uitnodigde. Een speciale kleding, een zondagspak dus, was niet voorgeschreven op de sabbat. Alleen moesten de kleren schoon zijn. Maar ook hier probeerden de schriftgeleerden 'roomser dan de paus' te zijn. Je voor de sabbat extra kleden gold als bewijs van eerbied voor God. En zo kwamen de armen, die zich deze luxe niet konden permitteren, weer verder van God af te staan.

Ook de uitdrukking 'de huizen der weduwen opslokken' is niet zonder meer duidelijk. De schriftgeleerden waren ook tegelijk wetgeleerden, omdat de wet deel uitmaakt van de Schrift. Onder de dingen die belangrijker zijn dan offers noemt Jes 1,17 recht verschaffen aan de wezen en weduwen verdedigen en hij verwijt de leiders van het volk, dat de zaak van weduwen geen gehoor krijgt (Jes 1,23). Rechtskundige bijstand verlenen aan weduwen en wezen was dus een daad van vroomheid. Maar deze mensen doen het om er zelf beter van te worden en laten zich grof betalen. Het gaat in deze verzen dus steeds om hetzelfde: misbruik maken van de religie om daar persoonlijk voordeel uit te trekken.

Als tegenbeeld wordt in het tweede paneeltje de vrome weduwe genoemd. Zij vraagt zich niet af, wat met het geld dat zij offert gebeurt. Zij hoeft niet gezien te worden. De muntstukjes die zij offert zijn nog kleiner dan een dubbeltje. Het is dan ook waarschijnlijk, dat Jezus dit als verhaal verteld heeft zoals de geschiedenis van de barmhartige Samaritaan, want Hij kon die muntjes niet eens zien en bovendien was de genoemde munt *(lepton)* niet toegestaan als tempelgave. Maar Marcus maakt er een historische gebeurtenis van, zoals men de pelgrim nu de herberg van de barmhartige Samaritaan toont. Hij laat Jezus plaatsnemen in het voorhof van de vrouwen tegenover de dertien bazuinvormige offerblokken. Als tafereel is het de pendant van de reiniging van de tempel.

Het verhaal is duidelijk zwart-wit getekend. *Vele* rijken werpen *veel* geld in de offerblokken en er is maar één weduwe (er staat het telwoord 'een'), en die geeft *twee* muntstukken. Maar zij geeft van haar gebrek, de rijken van hun overvloed. Zij geeft alles wat zij op dat moment heeft, heel haar levensonderhoud.

We zijn geneigd van deze scene een aandoenlijk tafereeltje te maken.[55] Het 'penningske der weduwe' krijgt al gauw een idyllische klank. Maar het is bittere werkelijkheid. Met 'haar levensonderhoud' is natuurlijk geen kapitaal bedoeld. Deze mensen hadden niet de kans om te sparen. Ze brachten wat groenten, kruiden of vruchten naar de markt en hadden weer geld voor één of meer dagen. De weduwe komt straks met niets thuis en moet maar zien waar ze de komende dagen van zal leven. Er is nog meer aan de hand. De priesters hielden toezicht op de offeraars. Zij namen geld in ontvangst voor een speciaal doel en beoordeelden of het voldoende was en in de juiste munt betaald. Ze worden hier niet genoemd. Dat hoeft ook niet: hun zwijgende aanwezigheid spreekt duidelijke taal. De vrouw geeft een aalmoes voor het huis van God. Maar de schriftgeleerden slokken de huizen van de weduwen op, lezen we een paar verzen tevoren. Het is, lijkt mij, geen toeval dat Marcus deze twee stukjes evangelie met elkaar verbindt.

Het woord 'weduwe' heeft in het Oude Testament niet alleen een sociale betekenis.[56] Weduwen (en wezen) worden in de Bijbel steevast samen genoemd met de vreemdeling. 'God ziet niemand naar de ogen en laat zich niet omkopen; Hij doet recht aan weduwen en wezen en bewijst de vreemdelingen zijn liefde door hun voedsel en kleding te schenken' (Deut 10,17v; vgl. Ex 22,21v). In een mannenmaatschappij als die van Israël was een weduwe als een vreemdeling, zonder connecties, zonder banden, want alle relaties liepen via de man. Maar er was meer. Onder de vervloekingen waarmee de Israëlieten bedreigd worden, wanneer zij de wet niet onderhouden, keert het woord uit Ps 109,9 terug: 'Moge zijn kinderen vaderloos worden, tot weduwe worden zijn vrouw'. Een vroege dood gold als een straf van God en die vloek daalde neer over hen die achter bleven. Tegenover de schijnvromen in het eerste tafereel staat hier een van God vervreemde, die in werkelijkheid dicht bij Hem staat. Vlak voordat Jezus, zittend tegenover de tempel (13,3), de ondergang van stad en tempel voorspelt, plaatst Marcus Hem tegenover deze vrouw, die in de ogen van de heersende klasse, als nietswaardig geldt. Zijn plechtig 'Amen' (voorwaar) leidt een profetische uitspraak in. 'Hij keek toe', vertaalt onze KBS heel prozaïsch. Maar het griekse woord (theorein) zegt veel meer. Het duidt op een profetisch schouwen. Hij ziet de rijke tempeldienst ineenstorten om plaats te maken voor wat de profeet 'de dag der kleine dingen' noemt (Zach 4,10): een schuw oud vrouwtje dat een paar onbeduidende koperstukjes uit haar hand laat vallen.

Nog een paar woorden over die muntjes. Het eigenaardige is, dat Marcus hier een Grieks woord *(lepton)* meent uit te moeten leggen met een Latijns: *kodrans,* wat de Griekse transscriptie is van *quadrans,* een kwart van de kleinste romeinse munteenheid. Het gaat hier om muntjes, die in het internationale geldverkeer niet gebruikt werden, niet ingewisseld konden worden en daarom voor de romeinse lezers onbekend waren. Het is vermakelijk te zien, hoe in de vertalingen ook de devaluatie heeft toegeslagen. De KBS-vertaling maakt er een cent van, de Groot-nieuws-Bijbel een dubbeltje. Maar wie kan er van een dubbeltje per dag rondkomen ? Andere vertalingen kiezen een oude munt zoals een duit of een oortje. Maar in plaats van de kerkcent te revalueren doen we er beter aan de nadruk te leggen op de werkelijke waarde: het is haar hele levensonderhoud.

31. 'DAN ZAL MEN DE MENSENZOON ZIEN KOMEN'

Drieëndertigste zondag door het jaar

Lezingen: Dan 12,1-3; Hebr 10,11-14; Mc 13,24-32

Een collega uit de Filippijnen vertelde mij eens de volgende anecdote. Voor een protestantse kerk zag hij eens een reusachtige zuil met daarop de tekst: 'Christus is het antwoord' (Christ is the answer). Iemand had er met viltstift onder geschreven: 'Maar wat is de vraag ?'. Aan dit verhaal moest ik denken bij het lezen van de perikoop van deze zondag. Zij geeft antwoord op een vraag die de kerkganger niet te horen krijgt: 'Zeg ons, wanneer dat zal gebeuren en wat zal het teken zijn, dat dit alles gaat voltrokken worden ?' (v.4). Het antwoord luidt, dat er eerst allerlei nationale rampen zullen plaatsvinden met als hoogtepunt de verwoesting van Jeruzalem. Na die verschrikkingen volgen de kosmische rampen, die in v. 24-27 beschreven worden.

Ook de afbakening van de passage is niet erg gelukkig. De genoemde verzen vormen de afsluiting van het antwoord (v.5-27). Met v.28 begint een nieuwe gedachte, die doorloopt tot het eind van het hoofdstuk. Het stuk is opgebouwd rond de kernverzen 30-32: De voorspelde gebeurtenissen zullen *zeker* plaats vinden (v.30v), maar wanneer dat zal gebeuren is *onzeker* (v.32). Vandaar aan de ene kant de waarschuwing 'weet' (v.28 en 29) en aan de andere kant 'ge weet niet' (v.33 en 35). Met deze kernverzen wordt enerzijds gereageerd op mensen die zeggen 'het gebeurt toch niet' zoals we lezen in 2Petr 3,4: 'Waar blijft nu de wederkomst die Hij heeft toegezegd ?' Maar tegelijk reageert de schrijver op mensen die aan de hand van allerlei berekeningen menen te kunnen constateren, dat het einde nabij is zoals in Handelingen 1,7: 'Het komt u niet toe dag en uur te kennen, die de Vader in zijn macht heeft vastgesteld'. Eén ding moet in elk geval nog vervuld worden: 'Eerst moet onder alle volken de Blijde Boodschap verkondigd worden' (v.10).

Hiermee raken we aan de voornaamste vraag van deze perikoop: In hoeverre gaan deze voorspellingen op Jezus zelf terug ? Persoonlijk ben ik ervan overtuigd, dat Hij de ondergang van de stad en de tempel voorzien heeft. De opmerking van de leerlingen 'Meester, kijk eens, wat een stenen en wat een gebouwen' (v.1) doet heel natuurlijk aan. Zelfs de pelgrim van vandaag staat nog versteld over de reusachtige steenblokken, waarvan het grootste dat nog te zien is een gewicht heeft van bijna 100 ton.[57] In tegenstelling tot wat Jezus voorspelde, liggen ze voor een deel na 2000 jaar nog op hun oorspronkelijke plaats. Tegen het einde van zijn leven is het messiaanse bewustzijn van Jezus ongetwijfeld gegroeid, maar tegelijk voorzag Hij duidelijk, dat Hij een profetendood zou sterven (vgl. Luc 13,33). In dit psychologische klimaat past de voorspelling van de ondergang van de stad en de tempel, het symbool van het volk dat weigert naar zijn boodschap te luisteren. Voor de leerlingen betekent de verwoesting van de stad het einde van de wereld. Maar of Jezus dat ook zo gezien heeft en of Hijzelf zich geïdentificeerd heeft met de Mensenzoon (v.26), is een grote vraag.[58] Zou v.30 uit zijn mond gekomen zijn, dan heeft Hij zich vergist, want met 'dit geslacht' kan niet anders bedoeld zijn, dan de mensen die op dat moment leefden (vgl. 9,1). Een dergelijke vergissing is theologisch gezien niet uitgesloten, maar het vers is in tegenspraak met v.32 over het niet-weten van de Zoon. Dit vers maakt veel grotere aanspraak op echtheid, want het is uitgesloten, dat men dit later heeft toegevoegd. Daarvoor leverde het teveel moeilijkheden op voor de latere christologie. Een aantal handschriften laat het dan ook weg en ook Lucas heeft het gecorrigeerd (Hand 1,7). Kortom, alles wijst erop, dat Mc 13 een apocalyptische beschouwing is uit later tijd, hetzij van Marcus zelf, hetzij van zijn bron.

Dit vereist enige toelichting. Apocalyptische literatuur ontstaat in een tijd van grote rampen. Het oudste canonieke voorbeeld dat we kennen, is het boek Daniël, waaruit dan ook terecht de eerste lezing gekozen is. Dit boek is ontstaan rond 165 v. Chr., de tijd van de Makkabese vrijheidsstrijd (vanaf 166). Palestina was toen bezet door de Seleukiden onder de despotische heerschappij van Antiochus IV (175-164). Tijdens zo'n bezetting ontstaat verzetsliteratuut, die in bedekte termen het einde van de tiran voorspelt (vgl. v.14). Om geloofwaardig te lijken verplaatst de schrijver zich in een vroegere periode en 'voorspelt' de tegenwoordige rampen. Vervolgens belooft hij in meer vage en beeldende taal het einde van de overheersing. (De voorspelling, dat de sterren van de hemel zullen vallen, werd reeds door de rabbijnen uitgelegd als de ondergang van aardse machthebbers). Met dit laatste gedeelte correspondeert dus Mc 13,24-27. Heel het arsenaal van beelden is ontleend aan de apokalyptische literatuur. Het zijn geen citaten in de volle zin van het woord maar symbolen uit de traditionele apokalyptische literatuur, die telkens weer opnieuw gebruikt worden.

Er is een groot verschil tussen de profeet en de apokalypticus. De profeet voorspelt de ondergang van een volk of een stad conditioneel: dat alles zal gebeuren als ze zich niet bekeren. Maar hij hoopt dat het niet zal gebeuren. Zo voorspelt Jona de ondergang van Ninive, maar als de bewoners boete doen, blijft de stad behouden. De apokalypticus voorspelt de rampen onvoorwaardelijk en hij kan dat doen, omdat ze voor een deel reeds hebben plaats gevonden. Zijn eigenlijke doel is het volk te troosten en te bemoedigen. Het beeld van de uitbottende vijgeboom, dat best wel op Jezus zelf terug kan gaan, is een klassiek symbool van hoop. De vijg en de druif zijn de enige bomen in Israël die hun bladeren verliezen. Ze zijn daarom de aangewezen symbolen van nieuw leven. Zo schrijft de profeet Habakuk (2,17v): 'Al zou de vijgeboom niet uitbotten en de wingerd geen vrucht dragen... nochtans zal ik juichten in God'.

Marcus schreef zijn evangelie rond 65, een tijd van grote benauwing voor de kerk. In het jaar 64 begon met de brand van Rome de christenvervolging onder Nero. Waarschijnlijk hoorden Petrus en Paulus tot de slachtoffers. In Palestina broeide de joodse opstand, die in 66 begon. Het ligt voor de hand, dat in deze benarde tijd de hoop op een spoedige wederkomst van de Heer groeide. Omdat Jezus de profetieën over het messiaanse rijk slechts zeer ten dele vervuld had, richtte heel de aandacht zich op zijn tweede komst. Niet alleen verplaatste de aandacht zich van het Rijk Gods naar de persoon van de Messias, maar bovendien werd die Messias, die op zich een aardse figuur is die het Rijk Gods hier op aarde zal vestigen, omgedoopt tot de Mensenzoon die komt op of met de wolken des hemels, een hemelse figuur dus. Deze geheimzinnige figuur komen we voor het eerst tegen in Dan 7,13: 'Zie, met de wolken des hemels kwam iemand gelijk een mensenzoon; hij begaf zich tot de Oude van dagen en men leidde hem voor deze. En hem werd heerschappij gegeven en eer en koninklijke macht. En alle volken, natieën en talen dienden hem'.

Toen het erop ging lijken, dat Israël nooit meer zijn nationale zelfstandigheid zou herwinnen, ging men het Rijk van God steeds meer zien als een bovenaards rijk met de Mensenzoon als heerser. Ook het christendom heeft vaak weinig aandacht opgebracht voor het heil van de wereld. Eerder het tegendeel: naarmate het slechter ging met deze aarde leek de komst van de Mensenzoon naderbij te komen. De keuze van de eerste lezing, waarin de verrijzenis centraal staat, wijst in dezelfde richting. Het lijkt mij daarom, dat de verkondiging vooral de nadruk moet leggen op het beeld van de vijgeboom. De dorre kale takken van deze boom kunnen soms in één nacht in het blad staan en de grotere bladeren bieden in de hete zomer een welkome beschutting. Het beeld van de vijgeboom, dikwijls gebruikt als stut voor de wingerd, is dan ook een messiaans symbool van vrede en welvaart: 'Op die dag, zo luidt het woord van de God van de machten, zult gij elkander uitnodigen onder de wingerd en onder de vijgeboom' (Zach 3,10). In een tijd van atomaire dreiging en in een atmosfeer van doemdenken moet de christen de fakkel van de hoop brandend houden, omdat hij gelooft in de uiteindelijke overwinning van het goede. De kerk van Marcus heeft zich vergist en vele onheilsprofeten na hem. Maar wat hij op de eerste plaats wilde schrijven was een woord van troost en bemoediging: kijk naar de vijgeboom!

32. 'WEEST WAAKZAAM'
Eerste zondag van de advent

Lezingen: Jes 63,16-64,7; 1Kor 1,3-9; Mc 13,33-37

De kleine perikoop van deze zondag — zij omvat maar vijf verzen — plaatst de predikant voor grote moeilijkheden. Op de eerste plaats heeft Marcus met dit stukje evangelie bedoeld een verbinding te scheppen tussen de eschatologische redevoering (hfd. 13) en het hierna volgende lijdensverhaal. Op de verbindingen met vv.28-32 werd reeds in de vorige inleiding (nr. 31) gewezen. De banden met het lijdensverhaal zijn eveneens duidelijk. De toehoorders zijn nog steeds de vier leerlingen van 13,3. Drie van hen zal Jezus meenemen naar de hof van Olijven (14,33). Het ligt dus voor de hand, dat in de conceptie van Marcus de vermaning allereerst tot hen gericht is. V.37 geeft een duidelijke uitbreiding: 'Wat Ik tot u zeg, zeg Ik tot allen'. Daarmee wordt de parabel bestemd voor de latere lezers. Er liggen ook literaire verbindingen met het verhaal van de doodstrijd in Getsemane. De waarschuwing 'als hij komt laat hij u dan niet slapend vinden' (v.36) vinden we letterlijk terug in 14,37 en 40: 'En Hij kwam en vond hen slapende.' Sommige exegeten vinden zelfs de vier nachtwaken terug in het lijdensverhaal: 's avonds (14,17), om middernacht (de gevangenneming), het hanegekraai (14,68.72) en 's morgens vroeg (15,1)[59] Het is echter waarschijnlijker, dat Marcus de joodse driedeling van de nacht (vgl. Lc 12,38) voor zijn Romeinse lezers vertaald. heeft in een vierdelige zoals die in het leger bestond (vgl. Mc 6,48: omstreeks de vierde nachtwake). Hoe dan ook, de duidelijke band die dit stukje heeft met het lijdensverhaal, maakt het wat moeilijk om er in de advent over te preken. Anderzijds is het duidelijk verbonden met hfd. 13, het komen van de Mensenzoon op de wolken des hemels (v. 26). De opmerking, dat het einde voor de deur staat (v.29), verwijst duidelijk naar de parabel van de deurwachter. Maar de verwachting van de wederkomst die de laatste zondag van het kerkelijk jaar kleurt, heeft een heel andere atmosfeer dan de adventsverwachting.

Voor de verkondiging zullen we de perikoop dus los moeten maken van haar context. Ook dan leveren deze paar verzen nog de nodige moeilijkheden op, maar daarover straks. We bekijken eerst het stukje zoals het nu voor ons ligt. De opbouw is heel helder. Het tweemaal herhaalde 'weest waakzaam, want ge weet niet wanneer het ogenblik/de heer komt' markeert de indeling. De woordspeling 'ogenblik' (kairos) en 'heer' (kyrios) is zeker geen toeval. Daar tussenin bevindt zich de gelijkenis. Het geheel wordt omkranst door twee imperatieven, die meer tot de lezer gericht zijn: 'Weest op uw hoede' en 'weest waakzaam'. Het eerste en laatste woord vormen samen een zogenaamde *inclusio* en geven een duidelijke afgrenzing aan. Het hart van de perikoop is een chiasme (kruiselings rijm): gij weet niet — waakzaam zijn X weest waakzaam — gij weet niet. Bij zo'n chiasme ligt het accent steeds op het binnenste woordpaar, in dit geval dus op het waakzaam-zijn.[60] Het tijdstip (kairos) waarop de lezer voorbereid moet zijn, is de komst van de Heer, het komen van de Mensenzoon (vgl. v.26), de dag, die alleen de Vader kent (v.32). De anonieme 'man' uit v.34 is in het tweede deel de heer des huizes geworden zoals hij in Mc 12,9 de heer van de wijngaard werd (vgl. 12,1). Uit de reacties van de toehoorders daar (12,12) blijkt, dat zij goed begrepen hebben over wie het gaat. Nog duidelijker is Lucas in zijn toepassing. Bij zijn terugkeer zal de heer zich omgorden, de dienaars aan tafel nodigen en langs hen gaan om hen te bedienen (Lc 12,37). Het lijdt geen enkele twijfel, dat daarmee het messiaanse maal bedoeld is, want geen mens zal het in zijn hoofd halen om, diep in de nacht terugkerend van een feest, nog eens zijn knechten te gaan bedienen. Voor de verkondiging zijn deze gegevens voldoende. Alleen het moment van het onvoorziene — en daar draait eigenlijk alles om — is moeilijk in een adventspreek te verwerken. Maar dat kan Marcus niet helpen!

Bekijken we de perikoop evenwel vormhistorisch, dan rijzen de moeilijkheden de pan uit. Het is, om daarmee te beginnen, natuurlijk uitgesloten, dat Jezus nog tijdens zijn leven de leerlingen gewaarschuwd heeft attent te zijn op het moment van zijn wederkomst. De kairos die heel zijn leven bepaalt, is het aanbreken van Gods Heerschappij: 'De tijd (kairos) is vervuld, het Rijk Gods is nabij' (1,15). De dienaars aan wie de huisheer het beheer van zijn goederen heeft overgedragen, zijn dezelfde als de wijnbouwers in 12,1-12. Het zijn de geestelijke leiders van het volk die, zoals de deurwachter, de sleutels van het Rijk der hemelen hebben ontvangen (vgl. Mt 23,13).[61] Zij herkennen de tekenen des tijds niet en verlangen een teken uit de hemel (8,11). Zij hebben de Schriften en weten waar de Messias geboren moet worden, maar zelf gaan ze niet op weg (vgl. Mt. 2,6).

Het accent ligt bij dit soort parabels op het onverwachte (v.36), het plotselinge van de komst van het Rijk Gods. In de vaktaal noemt men ze crisisparabels.[62] Ze waarschuwen de toehoorders alert te zijn op het kritieke moment. Maar een mens kan niet zijn hele leven in de startblokken blijven staan. Vandaar, dat een groot aantal van deze parabels een andere pointe hebben gekregen. Een typisch voorbeeld is de gelijkenis van de rentmeester, die plotseling ter verantwoording geroepen wordt (en die wèl weet, hoe hij in zo'n situatie moet handelen). Bij Lucas is deze man een voorbeeld van christelijke liefdadigheid geworden. (We kunnen het 'Ik' in Lc 16,9 daarom beter met een kleine letter schrijven).

Sporen van deze problematiek vinden we ook in onze perikoop. Iemand die voor langere tijd op reis was — en deze man is naar het buitenland —, kwam natuurlijk niet midden in de nacht thuis. Nog onwaarschijnlijker is, dat de deurwachter al die tijd 's nachts op moet blijven. Bij Lucas klinkt het allemaal veel natuurlijker. Daar gaat het om iemand die naar de bruiloft is (Lc 12,36). Omgekeerd is het weer wel begrijpelijk, dat iemand die naar het buitenland vertrekt, zijn personeel bepaalde opdrachten geeft. Dat thema treffen we aan in de parabel van de talenten of de ponden (Mt 25,14-30; Lc 19,11-27). Daar is het punt van vergelijking echter niet de onverwachte terugkeer maar een zorgvuldig beheer van het toevertrouwde bezit. Marcus heeft beide thematieken met elkaar verbonden. De kerkelijke leiders moeten het huis van de Heer zorgvuldig beheren, want op een moment dat ze het niet verwachten, kan hun rekenschap worden gevraagd.

Een derde moeilijkheid is, dat in v.35v. beeld en zaak door elkaar lopen.[63] In v.35 worden de toehoorders aangesproken; zij zijn dus de 'zaak' die verbeeld wordt. Maar de gelovigen hoeven natuurlijk niet de hele nacht te wachten op de komst van de Heer! Misschien is hier gedacht aan de oude vigilieviering. Aanvankelijk verwachtte men de wederkomst op de 'dag des Heren', de dag van de verrijzenis. De nacht tevoren brachten de christenen daarom wakend door (vgl. Hand 20,7). Later verwachtte men de Heer in de paasnacht en hield men de paaswake. De nacht wordt zo het symbool van de periode vóór de wederkomst: 'De nacht loopt ten einde, de dag breekt aan' (Rom 13,12). 'De dag des Heren komt als een dief in de nacht' (1Tess 5,2).

Zoals in de vorige inleiding is opgemerkt, is de aandacht van het christendom van de verwachting van het Rijk Gods verschoven naar het wachten op de wederkomst van de Heer. Met alle gevolgen van dien! Sinds enige tijd is er ook binnen het christendom een groeiende aandacht voor het 'heil der wereld', is er weer zorg voor de aarde die God ons heeft toevertrouwd om haar te bewerken en te beheren (Gen 2,15). Maar de liturgie wijst ons duidelijk een andere kant op. Door de perikoop in het begin van de advent te laten lezen, richt zij onze aandacht uitdrukkelijk op de komst van de Heer. Maar Jezus zelf ziet zijn zending nooit los van het Rijk. Op de vraag van de Doper, of Hij de Komende is, antwoordt Hij: 'Gaat aan Johannes zeggen wat gij hoort en ziet: Blinden zien, enz.'. (Mt 11,4v). En tot de Farizeeën zegt Hij: 'Als Ik door de geest Gods de duivels uitdrijf, dan is inderdaad het Rijk Gods tot u gekomen' (Mt 12,28). Hij is zelf het Rijk Gods zoals Origenes zegt (autobasileia). De strijd tegen het kwaad in al zijn vormen, de zorg voor het welzijn van deze aarde, het zoeken naar vrede en gerechtigheid, kortom: werken aan de komst van het Rijk van God is werken aan de heerschappij van de Komende.

33. 'MIJN GEDACHTEN ZIJN NIET UW GEDACHTEN'
Palmzondag

Lezingen: Jes 50,4-7; Fil 2,6-11; Mc 14,1-15,47

In de meeste kerken zal op deze zondag niet gepreekt worden. Maar mogelijk vindt dit boek ook lezers onder hen die zich persoonlijk op de zondagsliturgie voorbereiden. Zij zijn gebaat met een korte schets van de structuur van het lijdensverhaal. Daar richten we dus onze hoofdaandacht op. De structuur van een verhaal openbaart ons immers niet alleen het onbewuste van de schrijver maar roept ook in de lezer gevoelens op waarvan hij zich tevoren niet bewust was.

Tevoren willen we evenwel een paar historische kwesties bespreken, die de lezing kunnen blokkeren. Marcus begint zijn verhaal met een duidelijke tijdsopgave: 'Nu was het na twee dagen Pasen' (14,1). Zoals al eerder is opgemerkt (nr. 28), had de hier beschreven gebeurtenis plaats op een woensdag, want Jezus stierf vlak vóór het aanbreken van de sabbat op vrijdagavond (15,42;16,1). De avond vóór zijn lijden vierde Hij met zijn leerlingen het paasmaal (14,12). Hij stierf op het paasfeest, de 15e van de maand Nisan en Pasen viel dat jaar dus op een vrijdag. De hogepriesters en schriftgeleerden hadden dit willen voorkomen (14,2) maar dat is hun niet gelukt. Matteüs en Lucas volgen deze chronologie. Maar bij Johannes liggen de zaken anders. Ook bij hem sterft Jezus op vrijdag, de dag vóór de sabbat (Joh 19,31). Bij hem valt Pasen dat jaar echter op sabbat en niet op vrijdag. Want volgens Joh 18,28 moeten de Joden het paasmaal nog eten. Voor deze kwestie worden diverse oplossingen aangeboden, die we hier niet kunnen behandelen. Geen van alle bevredigt echter. We zullen moeten aannemen, dat

Johannes om symbolische redenen het sterven van Jezus, het ware Paaslam (vgl. 1Kor 5,7), laat samenvallen met het moment waarop men de paaslammeren slachtte (Mc 14,12).

Een tweede moeilijkheid is het nachtelijke verhoor (Mc 14,53-65). Volgens het joodse recht was dit verboden. Het verhoor voldeed trouwens in geen enkel opzicht aan de joodse wetten. Volgens het joodse recht moesten eerst de getuigen à décharge worden gehoord.[64] De rechters mochten de aangeklaagden niet tot een bekentenis verleiden en ze mochten ook niet als getuigen optreden. Waarschijnlijk moeten we 14,53-65 zien als een soort inofficiëel vooronderzoek.[65] De eigenlijke rechtszitting van het Sanhedrin had dan in de vroege morgen plaats (15,1) zoals Lucas uitdrukkelijk vermeldt (Lc 22,66). Het proces was dus niet onrechtmatig.

Moeilijker is de vraag te beantwoorden, wie schuldig is aan de dood van Jezus. Het is duidelijk dat Pilatus Hem veroordeeld heeft om politieke redenen. In godsdienstige aangelegenheden had hij geen interesse. De joodse leiders hebben dus het messiasschap in politieke termen vertaald en dat is niet onrechtmatig. Voor hen was de messias inderdaad de koning van Israël (15,32). De vraag is echter, of de aanspraak die Jezus maakte op de messiaanse waardigheid, de eigenlijke reden was van zijn veroordeling. Waarschijnlijk is, dat de joodse leiders bang waren voor zijn invloed op het volk en dat zij Hem daarom uit de weg geruimd hebben.

Er worden in het passieverhaal twee figuren genoemd die de andere evangelisten niet, of niet zo nauwkeurig noemen. Op de eerste plaats is daar de geheimzinnige jongeman, die Jezus achterna loopt en naakt vlucht als men hem wil grijpen (14,52 v). Vroeger nam men algemeen aan, dat Marcus zelf als een middeleeuwse schilder zijn eigen portret in een hoekje schildert. Tegenwoordig stappen de meeste exegeten daarvan af.[66] Men vergeet daarbij echter een heel simpele vraag: wie kan deze onbeduidende en tevens beschamende vertoning doorverteld hebben tenzij Marcus zelf? Een tweede bijzonderheid, die hij alleen vermeldt is, dat Simon van Cyrene, de vader van Alexander en Rufus was (15,21). Deze mededeling heeft alleen maar betekenis als de lezers deze namen kennen òf wanneer Marcus zelf ze gekend heeft. Het laatste lijkt waarschijnlijker. Bij opgravingen in 1941 ontdekte men in het Zuidwesten van het Kedrondal een graf van een Alexander, zoon van Simon.

Bezien we nu de structuur van het verhaal. Aan het begin

en aan het slot worden vrouwen genoemd, die Jezus balsemen of willen zalven voor zijn begrafenis (14,3-9 en 15,47). Zij zijn de enigen die Jezus trouw gebleven zijn, terwijl de leerlingen vluchtten (14,50-52). Hun liefde strekt zich ook uit tot het lichaam van de Heer. Daarom begeven zij zich op de zondagmorgen naar het graf en zijn de eerste getuigen van de verrijzenis geworden. Bij elkaar omvat het verhaal 119 verzen en exact in het midden staat de vraag van de hogepriester: 'Zijt Gij de Christus, de Zoon van de Gezegende?' en het bevestigende antwoord van Jezus: 'Ja, dat ben Ik' (14,16v). Dat is het hoogtepunt van het evangelie. Aanvankelijk wordt dit zoonschap alleen geopenbaard aan de Welbeminde zelf (1,11); vervolgens aan enkele vrienden (9,7). Hier openbaart Hij zich zelf aan zijn volk.

Het geheel heeft de bouw van een 'antiverhaal'. De structuur van een volksverhaal verloopt als volgt. Een koningskind wordt belaagd door zijn vijanden en groeit in het geheim op. Aan het eind van het verhaal erkent zijn vader hem als koningszoon. Hij verdrijft zijn vijanden en wordt als koning geïntroniseerd. Hier zwijgt de Vader (15,34) en de intronisatie is een schertsvertoning (14,65 en 15,16-20). De 'proclamatie' van de messiaanse profeet wordt geflankeerd door die van de Koning der Joden (15,2). Op beide volgt een bespottingsscene. Maar op de bespotting van de hogepriesters en schriftgeleerden: 'de Messias, de koning van Israël' (15,32) volgt (na zijn dood) de erkenning van de heidense honderdman: 'Waarlijk, deze mens was een godenzoon' (15,39). De IJveraar voor Gods huis, die het rovershol had uitgerookt (11,17), wordt als een rover gearresteerd (14,48) en tussen twee rovers gekruisigd (15,27). Maar na zijn dood scheurt het voorhangsel van de tempel en wordt het huis van God een huis voor alle mensen. De Mensenzoon die zal zetelen aan de rechterhand van de Vader om levenden en doden te oordelen, staat zelf voor menselijke rechters (14,62). En dat alles is het hoogtepunt van de Blijde Boodschap die Marcus ons gaat vertellen (1,1). Deze goddelijke ironie is eigen aan de God van Israël: 'Die troont in de hemel, Hij lacht; Hij, de Heer, maakt hen tot spot' (Ps 2,4).

Schijnbaar bereikt het 'zoeken' van de tegenstanders hier zijn doel. Reeds in 3,6 proberen ze Hem uit de weg te ruimen. Na de tempelreiniging 'zoeken' ze een mogelijkheid, Hem te doden (11,18). Na de parabel van de wijngaardeniers (12,12) 'zoeken' zij Hem te grijpen. In 14,1 lezen we, dat ze een list 'zoeken' om Hem te kunnen grijpen en te doden. Judas 'zoekt' naar een gelegenheid om Hem over te leveren (14,11). En tenslotte 'zoeken' de hogepriesters en het hele Sanhedrin naar een getuigenis tegen Hem om Hem ter dood te kunnen brengen (14,55). Pas na zijn dood zoeken zijn vrienden Hem (16,6).

Deze antithesen vinden we ook in de onderdelen. Marcus past in onderdelen veelvuldig de zogenaamde sandwich-techniek toe, die we ook op andere plaatsen in zijn evangelie aantreffen (nr. 11,14,16v). Het grondverhaal wordt in twee delen gesplitst en omlijst een ander verhaal.[67] De zalving te Betanië wordt omlijst door het zoeken van de hogepriesters en schriftgeleerden (14,1 v. 10v.). Tegenover de vrouw die de immense som van de driehonderd denaries besteedt aan Jezus staan de vijanden die geld beloven aan Judas voor het verraad. Het verhaal van het nachtelijk beraad (14,53-15,1) heeft zelfs een dubbel raamverhaal: de bijeenkomst van het Sanhedrin (14,53 en 15,1) en de verloochening van Petrus (14,54 en 66-71). Beide verhalen verlopen in drie fasen. Eerst zoekt het Sanhedrin getuigen, dan treden valse getuigen op en tenslotte getuigt Jezus zelf. Petrus verloochent Jezus tegenover het dienstmeisje, vervolgens een tweede keer, als die zich tot de omstanders wendt, en tenslotte tegenover de omstanders. En zijn bewering 'Ik ken die man niet' is de tegenhanger van Jezus' antwoord 'Ja, dat ben Ik'.

Zonder het te weten voorspellen de leerlingen Jezus' vernedering wanneer zij vragen als zijn 'ministers' aan zijn rechter — en linkerhand te mogen zitten, want links en rechts van Hem zullen twee moordenaars hangen (10,37 en 15,27). Omgekeerd voorspellen zijn vijanden zijn wezenlijke betekenis: om anderen te kunnen redden wilde Hij zichzelf niet redden (15,31). Kortom, heel het verhaal is een omkering van alle aardse waarden. In het apokriefe evangelie van Thomas zegt Jezus: 'Wanneer gij... het binnenste tot het buitenste maakt en het buitenste tot het binnenste en het bovenste als het onderste... dan zult gij ingaan tot het Koninkrijk'.[68] Nergens blijkt duidelijker dan in dit verhaal: 'Mijn gedachten zijn niet uw gedachten en uw wegen niet mijn wegen, zo luidt de godsspraak van de Heer' (Jess 55,8).

34. HET BLOED VAN HET VERBOND
Sacramentsdag

Lezingen: Ex 24,3-8; Heb 9,11-15; Mc 14,12-16.22-26

De keuze van de lezingen van het feest van het H. Sacrament laat er geen twijfel over bestaan, waar men het accent gelegd wil hebben. De eerste twee worden afgesloten met een woord over het verbond en, zoals we al vaker hebben gezegd, dat is meestal een indicatie, dat daar de hoofdgedachte te zoeken is. Voor we op deze verbondsgedachte nader ingaan eerst wat technische bemerkingen. De theologie maakt dikwijls heel gemakkelijk de sprong van verbond naar offer. Omdat Jezus spreekt over het 'Bloed van het Verbond' is de eucharistie een offer. Deze redenering gaat echter niet op. Natuurlijk werd een dier gedood om bloed te verkrijgen, maar daarmee is iedere bloedritus nog geen offer. Het verbond komt tot stand omdat bloed een verbindende kracht heeft. Dit blijkt uit het ritueel van de verbondssluiting in Ex 24, 3-8. Mozes verdeelt het bloed in twee helften. De ene helft sprenkelt hij op het altaar, symbool van Gods aanwezigheid (volgens Hebr 9,19 op het verbondsboek), en de andere helft op het volk. Zo komt een verbinding tot stand tussen God en zijn volk. Bij het herstel van een verbroken verbond, op de grote verzoendag, gebeurt iets dergelijks. De hogepriester sprenkelt bloed op het zogenaamde 'verzoendeksel', de plaats van Gods aanwezigheid (Ex 25,22; Lev 16,2), en vóór de ark, aan de kant waar het volk staat (Lev 16,14v).

Waarin bestaat nu deze verbindende kracht van het bloed? Bloed is de zetel van het leven. 'De ziel van het vlees is in het bloed' zegt Lev. 17,11. Of zoals de KBS-vertaling luidt: 'De levenskracht van mens en dier zit in het bloed'. Leven nu is iets goddelijks waar de mens niet over beschikken kan. Vandaar dat dit goddelijke element de mens gegeven wordt om zich (weer) met God te verbinden: 'Ik sta u alleen toe het te gebruiken op het altaar om verzoening te bewerken, want door de levenskracht bewerkt het bloed verzoening' (Lev 17,11). In de vegetatie-cultuur van de omringende volken speelde het bloed een grote rol. Daarom wordt aan Israël het gebruik van bloed streng verboden (Lev 17,10). Alleen voor de grote verzoendag wordt een uitzondering gemaakt. Jezus wordt dus terecht de 'middelaar van een nieuw verbond' genoemd (Heb 9,15). De vraag is alleen: hoe brengt Hij die verbinding tussen God en de mensen tot stand?

Sinds jaar en dag verkondig ik de opvatting, dat dit op de eerste plaats door zijn leven is en pas in de tweede instantie door zijn dood.[69] Door met zondige mensen aan tafel te gaan zitten, gaf Hij te kennen, dat zij erbij hoorden. De maaltijd is vanouds het symbool van eenheid. Ook het eerste verbond werd besloten met een maaltijd: 'zij aanschouwden God en zij aten en dronken' (Ex 24,11). De maaltijd is bij uitstek het symbool van het messiaanse rijk: 'De Heer der legerscharen richt op deze berg voor alle volken een feestmaal aan met uitgelezen gerechten, een feestmaal met belegen wijnen' (Jes 25,6). De tegenstanders van Jezus hebben dit gebaar begrepen. 'Hoe kan Hij eten en drinken met tollenaars en zondaars', vragen zij (Mc 2,16). Na de verrijzenis werd de maaltijd met de verrezen Heer het teken van vergeving. En zo is de eucharistie op de eerste plaats het symbool van verzoening. Vroeger leerden we, dat alleen wie zonder zonden was mocht aanzitten aan de maaltijd des Heren. Tegenwoordig weten we weer, dat we juist *als* zondige mensen worden uitgenodigd (iets wat de liturgie trouwens nooit vergeten heeft).

Dit aan tafel gaan met zondaars heeft Jezus het leven gekost. Door hen aan tafel te nodigen en hun uitnodiging te aanvaarden, gaf Hij te kennen, dat de geestelijke leiders niet de enige genodigden waren. Daarmee tastte Hij hun machtspositie aan, want die berustte juist op hun vermeende bevoorrechte plaatsen aan tafel. En daarom moest Hij verdwijnen. Zijn dood staat dus niet los van zijn leven. Hij stierf omdat Hij *zo* en niet anders geleefd heeft en Hij aanvaardde de dood omdat Hij trouw bleef aan zijn zending. Daarom is de eucharistie tegelijk de *memoria passionis,* de gedachtenis aan zijn lijden, en is de verrijzenis de bevestiging van Gods wege van zijn optreden.

De exegeten vragen zich af, of Jezus het laatste avondmaal inderdaad een 'Verbondsmaal' heeft genoemd. Het woord 'Verbond' komt nl. buiten de eucharistische teksten niet voor. Het is ook duidelijk, dat deze teksten rechtstreeks uit de liturgie stammen. De uiterste soberheid — er staat geen woord méér in dan nodig is — wijst er al op, dat ze door lang gebruik afgesleten zijn tot op het bot. Er zitten ook bepaalde onregelmatigheden in het verhaal, die erop wijzen, dat de onderdelen van Mc 14,12-25 afzonderlijk overgeleverd zijn.[70] En tenslotte gaan de instellingswoorden in twee tradities uiteen. Lucas (22,20) en

Paulus (1Kor 11,25) spreken van een *nieuw* verbond, een term die teruggaat op Jer 31,31; Matteüs en Marcus citeren Ex 24,8: 'Dit is het bloed van het verbond'. Paulus zegt trouwens uitdrukkelijk, dat hij de woorden als 'overlevering van de Heer' heeft ontvangen (1Kor 11,23), wat niet betekent, dat de Heer ze hem ingegeven heeft, maar dat de traditie teruggaat op Jezus.

Laten we dit vooropstellen: Al zou Jezus het woord 'Verbond' nooit gesproken hebben, dan is de maaltijd met Hem toch een verbinding van ons met Hem en daarmee met God. Vervolgens moeten we er van uitgaan, dat de situatie waarin Jezus zich bevond 'eenmalig' was, zodat het niet uitgesloten is, dat Hij daar woorden gebruikt heeft, die we maar eenmaal tegenkomen. Paulus schreef zijn brief aan de Korintiërs rond het jaar 53 en toen waren de instellingswoorden al 'traditie', wat trouwens duidelijk uit de vorm blijkt. De formule 'nieuw verbond' is dan al ingeburgerd, wat toch een nadere interpretatie van de woorden van Jezus moet zijn. Er bestaat dus een goede kans, dat Mc 14,22-25 de kern van Jezus' woorden bevat.

Het is duidelijk, dat Jezus bij het paasmaal de functie van de huisvader waarnam. De leerlingen vragen: 'Waar wilt Gij dat wij de voorbereidselen treffen, zodat Gij het paasmaal kunt houden'? (v.12). En vervolgens laat Jezus vragen: 'Waar is de zaal voor Mij, waar Ik met mijn leerlingen het paasmaal kan houden?' (v. 14). Nu was het de taak van de huisvader om uit te leggen, wat de betekenis was van de verschillende gerechten. 'Als uw zonen u de vraag stellen: Wat betekent deze plechtigheid? dan moet u hun antwoorden: Dit is een paasoffer voor de Heer..." (Ex 12,26). 'Op die dag moet u aan uw zoon deze uitleg geven: Dit is wat de Heer voor mij gedaan heeft toen ik wegtrok uit Egypte' (Ex 13,8). Men is het er algemeen over eens, dat de zogenaamde instellingswoorden 'Dit is...' een inleiding vormen op Jezus' eigen uitleg van het paasmaal. Uiteraard is deze uitleg veel uitvoeriger geweest dan die paar woorden die we nu lezen. Het moet ook een heel emotioneel gebeuren geweest zijn. Iets daarvan bespeuren we nog in de woorden bij Lucas: 'Vurig heb ik verlangd, eer Ik ga lijden, dit paasmaal met u te eten' (Lc 22,15).

Wat er in Jezus omging kunnen we slechts vermoeden. Enige aanwijzing geven de laatste woorden van het verhaal: 'Voorwaar, Ik zeg u: Ik zal niet meer drinken van wat de wijnstok voortbrengt tot op de dag waarop Ik het, nieuw, zal drinken in het Koninkrijk van God'. (v.25). Deze woorden kunnen moeilijk een schepping van de latere gemeente zijn, daarvoor zijn ze te raadselachtig. Jezus' zending is mislukt, dat is duidelijk. Hij voorziet, dat de laatste getrouwen Hem in de steek zullen laten en dat één van hen Hem zal verraden (v.18 en 29). Hij weet ook, dat de dood Hem wacht. Desondanks is Hij overtuigd, dat het Koninkrijk van God voor de deur staat. Volgens de Talmoed komt de Messias wanneer Israël in zijn geheel rechtvaardig òf in zijn geheel verdorven is, dus wanneer Israël trouw is geweest aan het verbond òf het verbroken heeft.[71] In het laatste geval neemt God zelf het intiatief zoals Jeremia voorspelt: 'Er komt een tijd, dat Ik met Israël en Juda een nieuw verbond sluit; geen verbond zoals ik met hun voorvaderen gesloten heb... Want dit verbond hebben zij verbroken' (Jer 31,31v.) In Jezus' ogen is de moord op de Godsgezant de breuk van het Oude Verbond en staat een nieuw initiatief van God voor de deur, het Nieuwe Verbond in zijn Bloed.

35. 'HIJ IS OPGEWEKT, HIJ IS NIET HIER'

Lezingen: Rom 6,3-11; Mc 16,1-8

In zijn nog altijd lezenswaard — hoewel erbarmelijk slecht vertaald — boekje 'Jezus van Nazaret' schrijft de Duitse exegeet Günther Bornkamm: 'Intussen, zo zeker als er — ook louter historisch gesproken — geen evangelie, geen enkel verhaal, geen brief in het Nieuwe Testament zou zijn; geen geloof, geen kerk, geen religie, geen gebed binnen het christendom zou bestaan zonder de boodschap van de verrijzenis, zo moeilijk, zelfs onmogelijk is het zich van het 'hoe' van het paasgebeuren een bevredigende voorstelling te maken'.[72]

Hier wordt een duidelijk onderscheid gemaakt tussen het paasgebeuren en de paasverhalen. Tegenover de 'eenduidige' boodschap van het gebeuren staan de polyinterpretabele verhalen in een onmiskenbare spanning. Intussen is ook de interpretatie van het gebeuren onder christelijke theologen niet meer zo uniform, maar daarover straks.

We willen eerst het verhaal van Marcus nader bekijken. Dit is het oudste en daarmee ook het kortste paasverhaal. Weliswaar is 1Kor 15, 4-7 de helft korter, maar dat is geen verhaal, maar een geloofsbelijdenis en een 'credo' is altijd kernachtig geformuleerd. Als Schriftstuk is de geloofsbelijdenis van 1Kor ouder dan het evangelie van Marcus. De brief werd rond 53 geschreven en verwijst naar Paulus' eerste optreden in Korinte (1Kor 15,1) en toen was dit al traditie zoals uit de vorm blijkt.[73] Maar inhoudelijk vertoont het credo van 1Kor al een verdere ontwikkeling. Daar heet Hij 'Christus' en niet 'Jezus van Nazaret' zoals bij Marcus. In Mc 16,6 is Jezus gekruisigd, maar in 1Kor 15,3 is Hij gestorven, wat al meer naar een eigen wilsbesluit verwijst (vgl. Joh 10,18). Daarom moeten we in Mc 16,6 ook vertalen: 'Hij is opgewekt' en niet 'Hij is verrezen' zoals wèl de vertaling van 1Kor 15,3 is. Bij Marcus is de verrijzenis nog een machtsdaad van God. Later zal Christus uit eigen kracht opstaan. Mettertijd verschuift het initiatief van God naar Christus. We staan hier, bij Marcus dus, op heilige grond, hier begon het Christendom!

Deze constatering is vooral belangrijk om wat er niet staat. Er staat geen woord over de verrijzenis zelf. Er wordt geen enkele poging gedaan om een beschrijving van het gebeuren te geven, zelfs niet van de begeleidende omstandigheden zoals wel bij Matteüs te lezen valt (Mt 28,2). De verrijzenis wordt alleen verkondigd, niet verhaald. Er is geen verschijning, ook niet aan de vrouwen zoals in Mt 28,10. De leerlingen verschijnen helemaal niet op het toneel. De vrouwen krijgen alleen de opdracht aan de leerlingen te vertellen, dat Hij hen voorgaat naar Galilea, zoals al in 14,28 voorspeld was: 'Na mijn verrijzenis zal Ik u voorgaan naar Galilea'. Dat laatste is bevreemdend. Ze zijn immers allen gevlucht en waarheen anders dan naar huis?[74] Dat suggereert ook Joh 16,23: 'ieder naar het zijne' ('alle kanten op' in de KBS is een vrije vertaling). Jezus is dus al in Galilea als de vluchtelingen daar aankomen. Van een verschijning aan Petrus en de elf, zoals Mt 28,16-20 en ook 1Kor 15,5 vermeldt, horen we niets. Men wijst er wel op, dat 16,8 een eigenaardig slot is (9-20 is een latere aanvulling) en dat het oorspronkelijke slot wèl verschijningsverhalen bevatte, maar dat is pure veronderstelling.

Volgens Marcus zijn de vrouwen dus de eerste en enige getuigen. Ook zij geloven niet in de verrijzenis, want ze zijn gekomen om het lichaam van Jezus te balsemen (v.l.; bij Mt 28,1 komen ze om naar het graf te kijken). Het woord van de engel brengt hen dan ook in opperste verwarring (v.8). Maar toen ze tot bezinning waren gekomen gingen ze het blijkbaar toch aan Petrus mededelen. Volgens v. 8 vertelden ze niemand iets en dat klopt weer met het 'credo' van 1Kor 15, dat de verschijningen aan de vrouwen niet vermeldt. Achter beide feiten zit een apologetische tendens (Marcus houdt zijn 'geheim' tot het laatst toe vol!). Vrouwen golden in de oudheid als onbetrouwbaar en konden niet als getuigen optreden. Lucas vertelt, dat de apostelen het bericht van de vrouwen voor beuzelpraat hielden en daarom (!) zelf gingen kijken (Lc 24,11v). De latere christenbestrijder Celsus verwijt hen dan ook, dat de getuigen vrouwen waren, waaronder een Maria Magdalena, uit wie zeven duivels waren weggegaan (Lc 8,2). Maar dit bewijst juist de betrouwbaarheid van het verhaal, want geen joodse gemeente zou zo iets verzinnen.[75] Ik neem dus aan, dat de vrouwen naar Petrus zijn gegaan en dat Maria inderdaad de 'apostola apostolorum' (apostel van de apostelen) is geweest zoals de traditie haar noemt.

Daarmee is evenwel nog niets gezegd over de aard van de eerste paaservaringen van de vrouwen en van de apostelen. Zoals in het begin van deze inleiding al is aangeduid, gaan de meningen van de theologen (ook katholieke) hier uiteen. De boven geciteerde opvatting van Bornkamm wordt nog veel gevolgd. De redenering luidt: De leerlingen waren zo totaal ontredderd, de catastrofe van de kruisiging was zo onvoorstelbaar groot voor joodse mensen, dat het uitgesloten is, dat ze — ook na langere tijd — tot bezinning kwamen en weer in Jezus gingen geloven. Op een of andere manier moet er iets met hen gebeurd zijn, wat dat dan ook geweest moge zijn. Het hoeft niet per se een verschijning te zijn geweest, want de bijbelse mens is gewend innerlijke ervaringen visueel te beschrijven. Men spreekt daarom tegenwoordig liever van 'verrijzeniservaring', daarbij in het midden latend van welke aard die ervaring geweest is.

Sinds een tiental jaren gaan er echter ook binnen het katholieke kamp stemmen op, die de boven genoemde onmogelijkheid in twijfel trekken.[76] De redenering is, dat in het joodse denken de onwrikbare overtuiging heerst, dat God een rechtvaardige nooit aan zijn lot overlaat en dat Hij een vermoorde profeet tot leven wekt. Men wijst erop, dat Jezus zelf gezien werd als de verrezen Johannes de Doper, Elia of een van de andere profeten (Mc 8,28). Zelfs Herodes, die nu niet bepaald het voorbeeld van een diepgelovige mens is, gelooft dat Jezus de verrezen Johannes de Doper is (Mc 6,14). A fortiori kon een gelovige mens als Petrus na enige tijd tot bekering komen zoals Jezus zelf voorspeld had: 'Ik heb voor u gebeden dat uw geloof niet zou bezwijken. Wanneer ge eenmaal tot inkeer gekomen zijt, versterk dan op uw beurt uw broeders' (Lc 22,32). Of beter nog: deze voorspelling die Jezus in de mond wordt gelegd geeft de feitelijke gang van zaken weer. Na kortere of langere tijd is Petrus tot het inzicht gekomen, dat Jezus toch was wat hij ooit geloofde: de Christus (Mc 8,29). En dat impliceerde, dat God Hem dus niet aan het bederf had prijsgegeven en dat het graf leeg geweest moest zijn (Hand 2,31).

Hier staan dus twee opvattingen tegenover elkaar. De ene zegt het kan niet en de andere het kan wél. Wie zal uitmaken wat juist is? De joodse theoloog Pinchas Lapide zegt: het kan wel. Als voorbeeld haalt hij de geschiedenis van de grote Rabbi Aqiba aan, die ongeveer een eeuw na Golgotha door de Romeinen om zijn messiaans geloof gemarteld werd. Toen hij de geest gaf spraken de dienende engelen tot God: 'Is dat de Thora en dat haar loon?' Daarop sprak een stem uit de hemel: 'Heil u, Rabbi Aqiba, want gij zijt voor het leven in de komende wereld bestemd'.[77] Anderzijds kunnen we ons de ontgoocheling van Petrus nauwelijks groot genoeg voorstellen. Wie stierf aan het kruis was volgens de Schrift een door God vervloekte (Deut 21,23; vgl. Gal 3,13). Hoe groot was de geestelijke spankracht van deze wankelmoedige man, die zelfs voor het gezag van Jakobus in Jeruzalem door de knieën ging (Gal 2,12)? We zullen het nooit weten.

In elk geval houdt God het laatste woord. Als een agnosticus als de parapsycholoog ten Have op puur wetenschappelijke gronden al aanneemt, dat er contacten tussen de overleden en de achtergeblevenen mogelijk zijn, dan moet een theoloog toch wel erg voorzichtig zijn met hier grenzen te stellen. Dat de paaservaringen in eigentijdse termen worden beschreven, zegt totaal niets. De ervaring van het goddelijke is altijd vervat in menselijke en dus tijdgebonden voorstellingen. Het wonderlijke spel van kennen en niet her-kennen zoals in het verhaal van de verschijning aan de Emmaüsgangers (Lc 24) en aan Maria Magdalena (Joh 20,11-18) bewijst overduidelijk, dat de schrijvers zich van hun grenzen bewust waren. Enerzijds voelden ze de aanwezigheid van de Verrezen bijna tastbaar en van de andere kant waren ze ervan overtuigd, dat Hij alleen zichtbaar was voor de ogen van het geloof, voor hen die tevoren door God waren uitgekozen (Hand 10,41). Daarbij is de vraag, of de verschijningen (en het lege graf) de weg hebben geopend voor dat geloof of omgekeerd, van bijkomstige aard.

36. HIJ ZAL KOMEN OM TE OORDELEN
Hemelvaart van de Heer

Lezingen: Hand 1,1-11; Ef 1,17-23; Mc 16,15-20

Jaar in jaar uit over hemelvaart preken is geen eenvoudige opgave. Er zullen onder het gehoor wellicht nog wel mensen zijn, die het verhaal heel materieel opvatten en daar kost wat kost aan willen vasthouden. Daar is geen kruid tegen gewassen en het schaadt ook niet. Erger is het, wanneer mensen door een al te letterlijke interpretatie in moeilijkheden raken. Maar zelfs in dat geval doet men er beter aan positief over het geloofsgegeven te preken dan deze fundamentalistische opvattingen als de poppen van een schiettent overeind te zetten om ze vervolgens vakkundig neer te knallen. Een dergelijke werkwijze heeft meestal meer ten doel de schietkunst van de predikant te demonstreren dan de gelovige te helpen. Vindt men het nodig dit nog eens te doen, dan moge ik verwijzen naar mijn boek 'Met Lukas op weg', waar de eerste twee lezingen die elkaar goed aanvullen, worden behandeld.[78] Het evangelie van vandaag noemt in één adem 'opgenomen ten hemel, zit Hij aan de rechterhand van God' (v. 19). Geen mens zal het tweede deel van de zin letterlijk nemen. Maar waarop dan het eerste deel wel?

We bepalen ons hier tot de behandeling van de tekst van Marcus. Daarbij bespreken we wel het geheel van het zogenaamde Marcusslot, want de verzen 9-20 vormen één geheel. Wanneer we hier spreken over 'Marcus', dan is het huidige evangelie bedoeld, niet de persoon van de schrijver. Want practisch iedereen is het er over eens, dat de verzen 9-20 niet van

Marcus stammen. Wie over een synopsis beschikt, kan in één oogopslag constateren, dat het stuk een kunstig mozaïek is van gecomprimeerde verhalen uit andere evangelies, met name dat van Lucas. De verschijning aan Maria Magdalena vinden we alleen bij Johannes (20,11-18), maar de mededeling dat Jezus bij haar zeven duivels had uitgedreven is ontleend aan Lc 8,2. Vers 12 en 13 zijn een samenvatting van het verhaal van de Emmaüsgangers (Lc 24,13-35) en het volgende vers slaat op Lc 24,36-43. Het zendingsbevel lijkt veel op Mt 28,19 maar over een zichtbare hemelvaart lezen we daar niets. Dat is eigen aan Lucas (Lc 24,50v; Hand 1,6-11). Van de wondertekenen treffen we het spreken in extase aan in Hand 2,1-13; 10,45;19,6 (vgl. 1Kor 12.14). Van het opnemen van slangen vinden we een interessante parallel in Hand 28,3-6. Alleen van het drinken van dodelijk vergif is geen parallel te vinden in de evangelies. Geen wonder, dat een aantal auteurs Lucas beschouwt als de vervaardiger van het 'onechte' slot. Hij heeft immers Marcus gebruikt toen hij zijn eigen evangelie schreef. Maar dat is een pure veronderstelling.

Minder zeker is de wetenschap over de vraag, of het oorspronkelijke evangelie eindigde met 16,8. Theoretisch is het immers mogelijk, dat het slot verloren is gegaan of met opzet verwijderd. De geleerden zijn het er in toenemende mate over eens, dat de christenen geen boekrollen maar codices, dus boeken zoals wij die kennen, gebruikten. Daarbij kon de laatste bladzijde verloren raken. Voorwaarde is dan wel, dat de voorlaatste bladzijde precies met vers 8 en met het laatste woord daarvan eindigde. Toevallig bestaat er zo'n handschrift uit latere tijd en toevallig is daar ook nog de laatste bladzijde uitgescheurd, die aan de andere kant het begin van Lucas bevatte. Een verzamelaar heeft nl. de prachtige miniatuur waarmee het derde evangelie begon, gestolen! Mogelijk is zoiets dus wel. Maar dan moeten wel alle handschriften van dit gemutileerde oerexemplaar afstammen, want nergens is een spoor van een ander slot te ontdekken. We houden het er dus bij, dat Marcus met 16,8 eindigde. Bekijken we nu het toegevoegde slot, Mc 16,9-20.

De cesuur van het stuk ligt tussen de verzen 14 en 15, dus waar de perikoop van deze zondag begint. In het eerste deel worden drie verschijningen genoemd in een duidelijk chronologische volgorde: eerst, daarna, tenslotte (beter dan 'Later'). Kenmerkend is de vermelding van het ongeloof van de leerlingen.[79] Er zit een duidelijke climax in. Vers 14 klinkt erg hard. Het woord dat hier met 'verwijten' vertaald wordt (oneidizein), wordt in 15,32 gebruikt voor de mede-gekruisigden en daar vertaald met 'beschimpen'. De woorden 'ongeloof' en 'hardnekkigheid' worden gewoonlijk voor tegenstanders gebezigd (vlg. 6,6 en 10,5). De schrijver heeft hiermee ongetwijfeld zijn eigen tijdgenoten op het oog. Als we in het tweede deel lezen, hoe de apostelen er vol vertrouwen op uit trokken om het evangelie te verkondigen, dan kan men hen moeilijk van ongeloof betichten, want die verkondiging berust juist op de overtuiging, dat met de dood van Jezus zijn werk niet afgelopen is.

De schrijver richt zich over de hoofden van de leerlingen tot zijn tijdgenoten (en tot ons!). Waarin bestond nu die geloofscrisis? Ongetwijfeld concentreerde de twijfel zich in die tijd op de wederkomst. De beste illustratie van onze perikoop is de eerste lezing Hand 1,1-11. Ook daar stellen de leerlingen de vertwijfelde vraag: 'Heer, gaat Gij in deze tijd (nu eindelijk) het koninkrijk voor Israël herstellen?' (v.6). In werkelijkheid zijn het echter de tijdgenoten van de schrijver die deze vraag stellen. Of beter: de auteur lààt die vraag stellen om het antwoord te kunnen geven en om dat antwoord is het hem te doen: Ze moeten eerst het evangelie verkondigen tot aan het uiteinde der aarde en dan pas komt het einde. Dezelfde overtuiging deelt Marcus: 'Eerst moet onder alle volkeren de Blijde Boodschap verkondigd worden' (Mc 13,10). Het 'zetelen aan de rechterhand van God' is een beeld van de rechterlijke macht die Jezus gegeven is: 'van daar zal Hij komen om te oordelen de levenden en de doden'. 'Hij gaf ons, aldus Petrus, de opdracht aan het volk te prediken en te getuigen dat Hij de door God aangestelde rechter is over levenden en doden' (Hand 10,42).

Nu zegt dat beeld van de rechter ons moderne mens niet veel. Van een rechter verwachten wij, dat hij streng objectief de wetten toepast en niemand naar de ogen kijkt. Als het zo is, dan maakt het niet veel uit, wie die rechter is en dan hoef ik zijn naam niet eens te weten. Maar in de zojuist geciteerde toespraak gaat Petrus aldus verder: 'Van Hem leggen alle profeten het getuigenis af, dat ieder die in Hem gelooft, door zijn Naam vergiffenis van zonden verkrijgt'. De evangelist Johannes formuleert het zo: 'Wie in Hem gelooft, wordt niet geoordeeld, maar wie niet gelooft, is al veroordeeld, omdat hij niet heeft geloofd in de Naam van de eniggeboren Zoon Gods' (Joh 3,18). Dat is ook de betekenis van Mc 16,16: 'Wie gelooft en gedoopt is, zal gered worden'. Geloven staat hier zonder object en betekent dus 'gelovig worden', door belijdenis en doop je aansluiten bij de gemeenschap van de gelovigen.

Hoe kan het geloof in de rechter ons nu vrijwaren van het oordeel? In westerse termen gedacht kan dat niet. Maar de oosterse rechter had een heel andere functie. Zijn taak was niet het kwaad straffen, maar het goede bevorderen. Iemand rechtvaardigen, d.w.z. vrijspreken, betekende niet in objectieve zin *verklaren* dat hij onschuldig was, maar in subjectieve zin hem vergeven en zo onschuldig *maken*. Rechtvaardigen betekent de schuldige in genade aannemen, hem als zwakke mens aanvaarden en zo voor nieuwe misstappen behoeden. Als het zo is, dan is het wel van belang, dat ik de naam van de Rechter ken om in Hem te kunnen geloven, mij in vertrouwen op Hem te kunnen verlaten. Vandaar de conlusie van de eerste christenen: de dag des oordeels zal niet komen, voordat heel de schepping de kans heeft gekregen in deze Rechter te geloven.

De moderne christen zou tot de conclusie kunnen komen, dat nu toch wel aan die voorwaarde voldaan is. Niet dat heel de wereld christen is, maar wie dat wil kan kennis nemen van het evangelie. Materieel gesproken is dat zo en als straks de satelieten bij tientallen rond onze aardbol cirkelen hoeft niemand meer van de kennis van het evangelie verstoken te blijven. Maar is het ook een *eu-aggelion,* een Blijde Boodschap? Aan de armen wordt de Blijde Boodschap verkondigd, voorspelde Jezus (Lc 4,18; Mt 11,5 par). Bestaat er voor armen een ander goed nieuws, dan dat er een einde komt aan al dat onrecht, aan de verdrukking, de uitbuiting? Kunnen zij geloven in een Rechter die de goederen der aarde zó ongelijk verdeelt? Wat zijn de tekenen die ons christenen vergezellen als we de boodschap van Jezus verkondigen, gerechtigheid en vrede? Spreken we een nieuwe taal, de taal van nieuwe mensen? Dat is de vraag!

LITURGISCH REGISTER

NOTEN

1 Eusebius, Hist. Eccl. III,39,15; Ed. D. Franses, Bussum 1946, 134.

2 *A.w.* III,39,18(35).

3 B. van Iersel, *Een exegeet en een theoloog over Mc 1,1-15,* in: Conc. 7/10, dec. 1971, 75-84 (79). Id., *De sleutel van het Marcusevangelie,* in: Id., *Een begin: aantekeningen bij het evangelie volgens Marcus,* Bilthoven 1973, 22-28 (24).

4 G. Bouwman, *De vrouwelijke waarden in de theologie van Paulus,* Averbode 1981.

5 Geciteerd bij: L. Boff, *Ave Maria: het vrouwelijke en de heilige Geest,* Averbode/Apeldoorn 1983, 76.

6 Schrift 3, juni 1969, 83. Dit hele nummer is aan het thema gewijd.

7 Voor deze regel van de retorische analyse, zie mijn boek: *Paulus aan de Romeinen: een retorische analyse van Rom 1-8,* Averbode 1980, 35.

8 Midrasj Psalmen 31,2; geciteerd bij: Y. Aschkenasy/D.J. van Uden, *De messiaanse verwachting in het jodendom,* in: Id. (Red.), *Geliefd is de mens,* Hilversum ²1983,116-130(119).

9 H. Andriessen, *Spiritualiteit en Levensloop,* Averbode/Apeldoorn 1984, 52.

10 B. van Iersel, *Een evangelie in een notedop,* in: Id., *a.w.* (opm. 3), 29-33(32).

11 H. Andriessen, *t.a.p.* (opm. 9).

12 *Blijf bidden, ook op latere leeftijd,* Brugge, enz. 1983, 15.

13 B. Hemelsoet, *Marcus: verklaring van een bijbelgedeelte,* Kampen 1977,16. Vgl. G. van Hemert, *Een dag uit het leven van Jezus,* in: H.A.A. Mourits (Red.), *Wie is in Godsnaam Jezus Christus,* Tielt (Utrecht), 1970,48-53.

14 G. Bouwman, *a.w.* (opm. 4), 90v.

15 G. Bouwman, *De Bijbel over volgen en navolgen,* Roermond/Maaseik 1961,28vv.

16 Over het zogenaamde ‘achtergewicht’, vgl. G. Bouwman, *a.w.* (opm. 7), 64v.

17 Zie: F. Heggen, *Echtscheiding: Persoonlijk falen - Menselijke crisis,* in: F. Heggen/G. van Tillo (Red.), *Het kwetsbare huwelijk,* Averbode/Apeldoorn 1984, 110-133(111).
18 Zie: L. Geysels, *Het evangelie van Marcus,* in: Schrift 66, dec. 1979,203-238 (207v).
19 B. van Iersel, *a.w.* (opm. 3),40-46.
20 J. Smit, *Een handvol verhaaltjes,* in: Id., *Bij nader inzien: De evangeliën opnieuw bekeken,* Tielt/Amsterdam 1974, 25-38(27).
21 Zie: P. Lapide, *Hij leerde in hun synagogen: een joodse uitleg van de evangeliën,* Baarn 1983, 54-58.
22 B. van Iersel, *a.w.* (opm. 3), 50.
23 Over dit stijlmiddel, zie: G. Bouwman, *a.w.* (opm. 7), 84v.
24 D. Flusser, *Jezus: de levensgeschiedenis van een religieus genie,* Bussum 1969,43.
25 F. van Bladel, *Het Markus-evangelie,* Tielt/Weesp 1984,15v.
26 J. Lambrecht, *Marcus interpretator: stijl en boodschap in Mc 3,20-4,34,* Brugge/Utrecht 1969
27 Zie: R. Michiels, *De parabels van het zaad,* Averbode 1980, 51v.
28 D. Stein, *Is er een psychoanalytische lezing van de bijbel mogelijk? En op welke voorwaarden?* in: Conc. 16/8, oct. 1980, 28-37(31).
29 A. Uleyn, *Een psychoanalytische lezing van het Marcus-evangelie,* in: Id., *Religiositeit en fantasie,* Baarn, 1987, 31-44.
30 B. van Iersel, *Storm op zee,* in: Id., *Met betrekking tot Jezus,* Bilthoven 1974, 133-151.
31 G. Bouwman, *a.w.* (opm. 4), 66v.
32 G. Bouwman, *a.w.* (opm. 15), 29.
33 M.H. van der Zeyde, *Marcus: een tijding van vreugde,* Nijmegen/Brugge 1976,154.
33a J. Ratzinger, *De kern van ons geloof,* Tielt/Utrecht 1970, 227.
34 D. Sölle, *De waarheid is concreet,* Utrecht 1967,95.
35 Zie: G. Bouwman, *De derde nachtwake,* Tielt/Den Haag 1986,139-166.
36 M.H. van der Zyde, *a.w.* (opm. 33), 156.
37 G. Bouwman, *a.w.* (opm. 15), 54vv.
38 G. Lukken, *Geen leven zonder rituelen,* Baarn 1984,15.
39 G. Lukken, *a.w.* 7, noot 1.
40 J. Lambrecht, *Hij gaat voor ons uit: Jezus volgen in het Marcusevangelie,* Leuven [2]1982, 43.

41 Vgl. L. Boff, *Onze Vader: gebed van totale bevrijding,* Averbode/Apeldoorn 1984, 131v.
42 H. Faber (Red.), *Over dood en sterven,* Leiden 1971,91.
43 W. Zuidema e.a., *Betekenis en verwerking: het offer van Isaak en de holocaust,* Baarn 1982.
44 B. van Iersel, *a.w.* (opm. 3), 65.
45 B. van Iersel, *a.w.* 69-74.
46 W.K. Grossouw, *Bijbelse vroomheid,* Utrecht/Antwerpen 1956, 154.164.
47 D. Flusser (Red.), *De laatste dagen in Jeruzalem: De Paasweek op de voet gevolgd,* Kampen 1983,24.
48 B. Hemelsoet, *a.w.* (opm. 13), 94.
49 D. Flusser, *a.w.* (opm. 47), 27.
50 C.J. den Heyer, *Exegetische methoden in discussie: Een analyse van Marcus 10,46-13,37,* diss. Kampen 1978,111, opm. 168.
51 K. Pannekoek, *Dit uur op de berg: Voorbeden, overwegingen, gedichten en liederen voor de zondagen van het liturgisch jaar.* B-cyclus, Hilversum 1981,46.
52 D. Flusser, *a.w.* (opm. 24), 120.
53 P. Lapide, *a.w.* (opm. 21), 73.
54 G. Bornkamm, *Jezus van Nazareth,* Zeist/Antwerpen 1963, 97-104.
55 R. Zuurmond, *De laatste cent van de weduwe,* in: *Wie oren heeft om te horen,* Zeist 1979,7-11(10).
56 R. de Vaux, *Hoe het oude Israël leefde I,* Roermond/Maaseik 1960, 80-83.
57 D. Flusser, *a.w.* (opm. 47), 46, afb. 8.
58 J. Lambrecht, *a.w.* (opm. 40), 119.
59 F. Lefevre. *Met Marcus van Getsemane naar Golgota,* in: Collationes 11,1981,22-49(23).
60 G. Bouwman, *a.w.* (opm. 7), 43 v.
61 W. Harrington, *Hij sprak in parabels,* Bilthoven 1976, 92.
62 J. Jeremias, *De gelijkenissen van Jezus,* Bilthoven 1968, 39v. 128.
63 J. Lambrecht, *Terwijl Hij tot ons sprak: Parabels van Jezus,* Tielt/Amsterdam 1976, 173.
64 H. Schlier, *De Mensenzoon: het passieverhaal volgens Marcus,* Boxtel 1975, 48v.
65 D. Flusser, *a.w.* (opm. 47), 66-74.
66 L. Geysels, *De naakt vluchtende jongeman,* t.a.p. (opm. 18), 230v.

67 R. Michiels, *Binnen het jaar: Het lijden en de dood van Jezus,* Averbode/Apeldoorn 1983, 20v.
68 G. Bouwman, *a.w.* (opm. 4), 88.
69 G. Bouwman, *Het verlossende woord,* Averbode 1975.
70 S. Lamberigts, *Wie is Hij toch? De bijbel lezen om Jezus te kennen,* Tielt/Weesp 1984, 188.
71 Y. Aschkenasy/D.J. van Uden, *a.w.* (opm. 8), 116-130 (128).
72 G. Bornkamm, *a.w.* (opm. 54), 162 (eigen vertaling).
73 P. Lapide, *Opstanding: Een joodse geloofservaring,* Kampen 1983, 52.
74 P. Lapide, *a.w.* 63-65, suggereert, dat 'Galilea' eigenlijk 'landstreek' betekent, zodat Jezus de leerlingen opwacht in het district Jeruzalem (vgl. Mt 28,16). Joh 21,1 plaatst de verschijning echter bij het meer van Tiberias.
75 P. Lapide, *a.w. 49-51.*
76 Hier is vooral R. Pesch te noemen. Men vindt zijn argumentatie bij J. Lambrecht, *Daar komt toch eens... Opstellen over verrijzenis en eeuwig leven,* Leuven 1981, 71-132. Daar ook een uitvoerige reactie van G. Lohfink (133-150).
77 Lapide, *a.w.* (opm. 73) 44.
78 G. Bouwman, *Met Lukas op weg,* Averbode 1976, 162-167. Zie verder: G. Lohfink, *De Hemelvaart van Jezus, verhaal en werkelijkheid,* Leuven/Boxtel z.j.
79 B. van Iersel, *a.w.* (opm. 3) 96.

Gijs Bouwman werd in 1918 geboren in Schalkwijk (Nederland). Hij ontving zijn priesteropleiding bij de missionarissen van het Goddelijk Woord en werd in 1945 priester gewijd. Hij deed zijn verdere studies aan de Gregoriana en het Pauselijk Bijbelinstituut te Rome, waar hij in 1958 promoveerde. Vanaf 1967 tot zijn emeritaat in 1983 was hij hoogleraar in de exegese van het Nieuwe Testament aan de theologische faculteit te Tilburg. Hij publiceerde verschillende boeken over Lucas en Paulus. In de reeks 'Cahiers voor levensverdieping' schreef hij o.a. *Paulus en de anderen* (1978), *Paulus aan de Romeinen* (1980) en *De vrouwelijke waarden in de theologie van Paulus* (1981). In de bundel *Reflecties op Schrift* (Cahier 44), aangeboden bij zijn afscheid als hoogleraar, is een volledige lijst van zijn publicaties opgenomen.